FRANCESCO

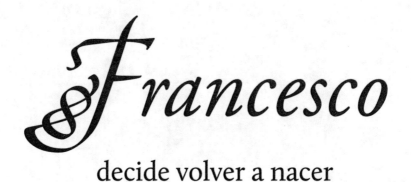

Francesco

decide volver a nacer

Yohana García

Francesco

decide volver a nacer

OCEANO

FRANCESCO DECIDE VOLVER A NACER

© 2007, 2011, Yohana García

Diseño de portada: Leonel Sagahón
Fotografía de la autora: Lía Rueda

D. R. © 2022, Editorial Océano de México, S.A. de C.V.
Guillermo Barroso 17-5, Col. Industrial Las Armas,
Tlalnepantla de Baz, 54080, Estado de México
info@oceano.com.mx

Vigésima quinta reimpresión: octubre, 2022

ISBN: 978-607-400-578-3

Impreso en México / Printed in Mexico

Índice

Agradecimientos

Quiero dedicar este libro muy especialmente a Francesco, por todas las satisfacciones que ha dado y lo que le ha regalado a sus lectores.

A la gente que día a día me da el cariño suficiente para continuar mi tarea y misión con amor y alegría.

Le agradezco a Dios por mimarme y por regalarme esta gente que en todo este tiempo ha sido incondicional conmigo, porque para realizar un proyecto, un sueño, en este caso un libro, se necesita una red de personas que con amor lo hagan posible. Esta red de amor está compuesta por toda esa gente, sin ellos nada hubiera sido igual.

A toda mi familia, que amo con todo mi corazón, a mis hijos: a Robert por ser un ser maravilloso y a su lindísima novia, Dalila.

A mi chiquito Christian por ser la alegría de mi alma.

A mis padres Mabel y Ernesto por su comprensión y su dedicación para nosotros.

A mi país por recibirme con tango y nostalgia. A mis hijos postizos: Emiliano Díaz, Maxi Degrassi, Agustín Blanco, Gustavo, Sergio, Fede, Paola, Celeste y Diego Tebele.

A mis amigas Norma Papa, Fernanda Leiva, Estela Villagra, y muy especialmente a Silvana García, mi hermana espiritual.

Un agradecimiento enorme a mi gente de trabajo del staff de TeLeFe y a ese ser que nos alegra y nos entiende: Marcelo Tinelli, por querer a mi Francesco.

Y por sobre todo agradecerle a mi amigo del alma, un gran ser humano, Alberto Hazan.

Quiero agradecer infinitamente al país de México y a su gente porque ellos son mi otra casa y mi otra familia.

A mi amiga querida María del Carmen Águila Gaytán, Ángeles Hernández y su hija Fane, a Rosario Mata y su esposo Juan Jesús Almanza Bernal. Y a Martita Ríos. Ellos hacen que yo nunca me sienta sola.

A otro ser increíble Ida Bella, a Sergio Hernández por cuidar a Francesco y a su autora.

A los que me abrieron las puertas de su casa: Marilú Figueroa, Tere Bermea, Centro La Joya, Centro Agoralucis y a una mujer a la que admiro mucho, Lucy Asptra, por ser incondicional.

A Hortensia y Abraham Romo por ser los mejores parteros de este hijo del alma.

Y a todos los que me conocen por ser parte de la vida de Francesco y la mía.

¡Gracias, Gracias, Gracias!

Yohana García

PD: Sólo te pido que leas a Francesco muy detenidamente, cada frase es un mensaje profundo que podrás ir descubriendo en el transcurso de su lectura.

Prólogo

Ésta es la aventura que estoy por emprender.

Tú me conoces, soy Francesco, te conté mi experiencia vivida en el libro anterior; ahora estoy perdiendo mi identidad en el Cielo y pronto, muy pronto, seré uno de ustedes.

Nada me haría pensar que yo viviría con miedo esta próxima vida.

Yo los miro a ustedes desde donde me encuentro, y les juro que me dan muchas ganas de gritarles ¡ya basta de...!

Veo cómo sienten que la vida los abruma, y, sin embargo, todavía no sé qué sentiría yo en su lugar.

Como espíritu que soy, muchas veces paso alrededor de algunas personas, pero ni siquiera sienten mi presencia cuando los abrazo, casi no se dan cuenta de lo que no pueden ver con sus propios ojos.

¡Y lo que ven, si les duele, tampoco lo quieren ver!

Pero no los estoy regañando aunque así pareciese.

Sólo deseaba representarles lo que siento, porque aunque no tenga un cuerpo físico no estoy mudo.

Sé que mi voz es débil como la de todos los espíritus, por eso mi voz se escucha como un susurro, hasta a mí me impresiona cómo suena ante la gente.

Pero las cosas están así, no queda otra que aceptar lo que nos toca vivir, estemos donde estemos.

Por eso todo es cuestión de actitud no de lo que te sucede, sino de lo que hagas con lo que te sucede.

Aunque no estoy con vida como lo estás tú, de cualquier forma puedo ser feliz a mi modo, incluso todo el tiempo. Y tú también puedes serlo siempre que quieras y te lo propongas.

No le eches la culpa a nadie de lo que te sucede, ni tampoco de lo que te ha sucedido, tampoco te enojes con Dios. Él tiene una gran imaginación y muchas veces es el socio más apreciado que tienes.

Ámalo como si fuera lo único que tienes, que en realidad es así, Él es el único incondicional contigo.

Ámalo aunque no creas en Él. Ama lo que quieras pero no ames con egoísmo, no ames como si algo o alguien fuera de tu propiedad. No tienes nada tuyo, sólo tu actitud de lo que quieras hacer tanto en la Tierra como en el Cielo.

El mundo no es algo separado de ti ni de mí, el planeta Tierra es la relación que establecemos entre tú y yo. Así pues, el problema somos nosotros, no el planeta.

Y como no conoces el Cielo sino que sólo conoces la Tierra, me querrás preguntar cómo será morir.

¿Cómo será entrar en ese enigma de traspasar el puente? Es que cuando alguien muere no hay argumento alguno, no hay forma de entender semejante traspaso espiritual.

Cuando la muerte llega no da explicaciones, y ningún avance de la ciencia puede mostrar lo que existe de ese otro lado.

Para enfrentarte con el fin de tus días, para que estés seguro de que sigues vivo, tendrías que estar muriendo todos los días, muriendo para cada relación que produce tu apego.

Desapegarte de la angustia que muchas veces te invade, de la ansiedad que hace estragos en tu vida, desapegarte del apego es la única salida que tienes para continuar en un mundo mejor.

En cada muerte hay un hermosísimo renacer.

Y no hay que confundir renacer con continuar porque lo

que continúa con el tiempo se deteriora, pero lo que renace es eterno.

Entonces te invito a que comiences a enterarte de lo que me ha sucedido en esta próxima vida que estoy por emprender.

Gracias por acompañarme,

Tu querido Francesco

(Prólogo realizado por el mismo personaje que le dictó a la autora el libro de su mismo nombre: *Francesco: una vida entre el cielo y la tierra*.)

I
Volver a empezar

Mientras tu vida transcurra en el tiempo, sería importante que la pudieras transitar por caminos firmes, pisando fuerte el presente, sin embarrar el futuro ni tapar de polvo el pasado.

Ni siquiera Dios puede cambiar el pasado.

Si viniera de rodillas quien en algún momento te hirió no cambiaría para nada tu vida.

Pero tú puedes perdonar y soltar las situaciones del pasado porque no vale la pena andar penando por lo que ya se rompió.

Suelta todo el dolor, no tapes de polvo tu futuro amoroso y brillante.

(Discurso que el señor Destino les dio a los humanos mientras dormían.)

No llores por mí.
No llores si me amas.
¡Si conocieras el don de Dios y lo que es el Cielo!
¡Si pudieras oír el cántico de los ángeles y verme
en medio de ellos!
¡Si por un instante pudieras contemplar como
yo la belleza ante la cual las bellezas materiales
palidecen!
¿Me has amado en el país de la sombras y no te
resignas a verme en el de las inmutables realidades?
Créeme, cuando llegue el día que Dios ha fijado
y tu alma venga a este Cielo al que te ha precedido
la mía, volverás a ver a Aquel que siempre te ama,
y encontrarás su corazón con la ternura purificada,
transfigurado, feliz, no esperando la muerte sino
avanzando contigo en los senderos de la luz.
Enjuga tu llanto y, si me amas, no me llores.

SAN AGUSTÍN

Y Francesco se lanzó a la aventura de vivir.

Mientras su alma flotaba suavemente, iba bajando con rapidez hacia el planeta Tierra.

Él podía sentir cómo su alma se iba impregnando de colores pastel que la energía del sexto Cielo le pintaba.

Esa alma iba pasando de un Cielo al otro, al mismo tiempo que intentaba tomar conciencia de que por fin le había llegado la hora en su gran aventura de VIVIR nuevamente.

Francesco ahora sabía que volvería a tener las dosis de osadía y valor fundamentales para estar en un mundo tan temido por algunos y tan mágico para otros.

Por mucho que quería mantenerse quieto, su alma iba zigzagueando en el aire, del mismo modo en que zigzagueas los pies cuando bajas las escaleras de una pirámide, para no perder el equilibrio.

El alma viaja a una velocidad asombrosa, ni siquiera existe algo que pudiera medir su rapidez.

No se puede comparar en nada a la velocidad de una nave espacial, ni a la velocidad a la que viaja la luz.

Traspasar los planos celestiales es vértigo puro, es la misma sensación que un orgasmo mágico.

En cada Cielo hay diferentes clases de ángeles, diversos maestros y múltiples guías que están para cumplir una función amorosa y luminosa.

El alma de Francesco descendía y descendía...

Cuando su alma estaba llegando al planeta Tierra, desde un lugar del Cielo una voz muy grave y con un tono muy alto, le dijo al alma de Francesco:

–¡Detente, almita de luz!

Y Francesco se detuvo asombrado, jamás se le había ocurrido pensar que interrumpirían su nuevo camino.

Como toda alma con conciencia, se preguntó si estaba haciendo algo mal.

Francesco preguntó asombrado:

–*¿Qué quieres? ¿Por qué me interrumpes?*

–**Permíteme detenerte** —dijo el maestro de la voz grave—. ¡No puedes seguir avanzando! Debes responder una pregunta muy importante para tu próxima vida, y además te equivocaste de camino, debiste haber elegido el que da a tu izquierda, es ese mismo camino que te había señalado el ángel Querubín. Y te pasaste por alto el Cielo azul profundo. ¡Ese lugar es el más importante!

–*Disculpa* —dijo Francesco—, *no sé de qué me hablas, ni sé quién eres.*

–¿Tú no estuviste en la conferencia donde se les enseña a los espíritus desencarnados el camino que tendrán que seguir para volver a ser humanos?

–*Ni siquiera llegó a mis oídos que ese camino existía, quizá se olvidaron de invitarme a esa conferencia.*

–Es raro que esto suceda, y ahora ya es tarde para que lo aprendas.

–*¡Qué maravilloso! Mientras las madres hacen cursos para parir a sus hijos, los hijos toman clases para entrar en sus madres.*

–Apurémonos, no hay tiempo que perder. ¡Cuanto antes tienes que estar en el Cielo que te indiqué! Ahora te lo estoy mostrando con mi rayo: sigue la estrella de seis puntas que te ilumina. Una vez que llegues, detente y no dudes en preguntar los pasos que debes seguir para que te asignen tu Misión.

–*Disculpa, maestro, pero me has confundido. Yo venía tan encantado con la idea de volver a vivir que ni siquiera escuché si de otros cielos me estaban llamando. ¿Cómo sabré cuál será mi Misión?*

–Déjame ver en el libro de tu vida.

El maestro lanzó un silbido, sus alas se movían como la llama de una vela en el viento.

Apareció de la nada un pequeño duende, con un sombrero verde que le tapaba la mitad de la cara. En su pequeña mano sostenía un gran libro de tapa dorada y hojas negras.

–Por favor, ábreme el libro de Francesco en donde están los capítulos más importantes de lo que irá a hacer en la Tierra —le dijo el maestro al duendecillo.

–Es que... maestro, ¿cómo saber qué será lo más importante de la vida de Francesco? Tú me designaste para que te ayude en esta biblioteca Akáshica pero no soy juez, y no puedo juzgar cuáles son las partes más importantes y cuáles no.

–Tienes razón, duendecillo, tú no tienes por qué saber de qué se trata la vida de las personas. Entrégame el libro y hazme el favor de fertilizar el jardín de los recién llegados.

Francesco, éste es tu libro, algunas hojas ahora están sin llenar. Cuando estés en el mundo como materia, se irán escribiendo las líneas que ahora faltan, se llenarán las páginas con experiencias y, cuando termine tu vida, volverás aquí a leerlo con nosotros.

Este proceso se repetirá una y otra vez, aunque tu alma no lo recordará. Así, ella creerá que es la primera vez que nos visita en el Cielo.

Ahora elegirás una fecha para nacer, yo ubicaré los

planetas que te regirán y además tendrás unas cuantas opciones para elegir un patrón de conducta a transitar.

Tu Misión te la regalará Dios y eso será un bautismo de amor.

Sé que ustedes al destino le dicen karma, una palabra que usaron desmesuradamente en la Tierra. Cuando vuelvas a mencionar al destino, cámbiale el nombre, porque aquí en el Cielo la palabra "karma" suena a castigo y tú sabes que el castigo divino no existe.

Acaso ustedes no dicen: "¿Qué hice yo para tener este karma?". Cuando entran ustedes aquí como espíritus recién desencarnados, muchas veces se asustan al ver cómo los llora su familia, y le atribuyen al karma la fuerza del escarmiento divino, como si la vida fuera premio y castigo.

Querido amigo, olvídate ya de esa palabra. Por lo menos cuando vuelvas aquí olvídala, no se utiliza y aunque en la Tierra todos la nombran, nadie la entiende.

Misión es pasión y dar es el karma. ¿Castigo? ¿Qué puede ser castigo? ¿Un amor que se pierde?, ¿una enfermedad?, ¿la falta de alguien que te ame? Las fatalidades, las pérdidas, la muerte, tarde o temprano esto está en la vida de todos.

Si existe la oscuridad es para que contraste con la claridad.

Si está el sufrimiento también está el goce. Así que aquí en este Cielo, a la palabra karma le hemos cambiado el nombre. Ahora se llama "verde esperanza".

–*Ja, ja, ja, a que ustedes los maestros le pusieron ese nombre porque también ven la vida color de rosa* —se rio Francesco con muchas ganas.

–¿Y no es rosa? —dijo el maestro algo molesto.

–*Ahora en serio, maestro. ¿Cómo haré para vivir mi Misión sin equivocarme?*

El maestro con mucha seguridad y mostrándole un plano en el aire le dijo:

–Es imposible que te equivoques, las misiones nunca se yerran. Son dones de nuestro gran Señor y recuerda, amigo, que misión es pasión. Cuando estés allí abajo, en su momento aparecerá lo que tú amas hacer, y al hacerlo te olvidarás del tiempo que pasas mientras estás conectado con tu misión, perderás la noción del tiempo y el espacio.

Pero no te olvides que deberás elegir el patrón de conducta que irás a transitar

–Y si no quiero elegir, soy libre ¿o no?

–Sabes, me recuerdas al Francesco que conocí, cuando recién entraste al Cielo. Ya sabes, libre sí, pero hay reglas.

Te lo explicaré mejor:

La vida es tan sólo un juego, juegas diferentes roles, serás el que ama, el que se siente solo, a veces serás el que se esconde en su cobardía y otras el héroe de tus propias aventuras. Serás víctima cuando no quieras asumir las responsabilidades de tu conducta, y serás el triunfador cuando elijas lo que quieras hacer.

Serás el detractor cuando critiques, y el constructor de puentes cuando te animes a amar.

Perderás energía cuando te conviertas, de vez en cuando, en un constructor de muros, cuando te sientas herido por alguien y no desees exponerte al riesgo de amar sin apegos.

–¿Y cuál sería el mayor desafío que podría elegir en mi próxima vida? Dímelo, maestro, así me divertiré en ese juego, que en la vida anterior no me he atrevido a practicar.

–¿Tú quieres un buen desafío? Entonces déjame ver qué es de lo que más se quejan los humanos... Ya sé... ¿Quieres un gran desafío? Te sugiero que elijas tener la falta de amor, de esto es de lo que más se quejan allá abajo. Parece que sentirse solo debe ser el reto más grande. ¿Quieres elegir ese patrón?

–*¡Sí, me convenciste! Elegiré el desamor.*

–Entonces escribiré el título del capítulo de lo que irás a trabajar en tu vida. ¿Qué nombre le pondremos a este patrón? —preguntó el maestro muy entusiasmado—. Ah... ya sé, tendrás carencia de amor en esta Misión.

Colocaré la luna negra de forma que te apoye en esta travesía. Te pondré el nombre cósmico, y ahora adivina: ¿cuál será tu Misión?

–*No se me ocurre cuál, ahora estoy desorientado, ¿podrías ayudarme?*

–Sí, claro que puedo. Dime qué es lo que más te gustaría hacer si estuvieras con vida.

–*Me gustaría casi todo.*

–¡Listo! —dijo el maestro agitando sus alas—, ya tengo tu Misión.

–*¿Y cuál es?* —preguntó Francesco intrigado.

–Ésta no te la diré, averíguala tú solito.

–*Muy bien, esta vez no me quejaré. Aceptaré la búsqueda.*

–Tu campo áurico tendrá un color definido desde donde nosotros lo observaremos, y con ese color nosotros identificamos la Misión de cada uno de ustedes. Tú no podrás ver tu propia aura, pero de vez en cuando habrá alguien que pueda hacerlo y te contará de qué se trata.

En estas imágenes que te mostraré... y presta atención, aquí, mira esta imagen.

El maestro hizo un círculo en el aire, y se formó como una bola de cristal enorme que flotaba suspendida en la nada.

–Aquí están tus padres. ¿Ellos son los que habías elegido un rato antes de pasar por este Cielo?

–*Sí, me parece que son ellos. Elegí unos padres demasiado afectuosos, de esos que por amor te ahogan. Pero parece que me equivoqué; si trabajaré el desamor, ¡esos padres no me servirán!*

–Tu alma todo lo sabe, no te has equivocado, recuerda que no puedes cambiar lo que has elegido. Déjate llevar en la vida, confía en Dios, en su Amor. Sabes que eres una chispita divina de él. Tú también eres Dios.

Francesco, ya es hora de que bajes a la vida.

Mira el mundo, observa la Tierra y el paisaje que elegiste, el lugar y la familia que te cobijará, y esa misma será la que formará tu carácter.

Sé muy bien que no olvidarás la experiencia que has vivido en el Cielo. Tú eres un elegido y harás un buen trabajo.

Vive la vida como un juego, el periodo que tú vivirás será la mayor parte del tiempo una ilusión. Diviértete, acuérdate de que hay un solo mandato al que no le puedes fallar: SÉ FELIZ.

AMA, Y SI NO TE ENAMORARAS DE NADA NI DE NADIE, AQUÍ TE DIREMOS QUE NO HAS VIVIDO.

Vamos, baja, ya es tu tiempo de volver a ser un gran ser humano. ¡VIVE A LO GRANDE!

–*Bien, amigo, es momento de despedirme y darte infinitas gracias* —dijo Francesco lleno de luz.

II
Nacer es todo un trabajo para quienes se animan a hacerlo

Cada espíritu que se anima a ser gestado sabe que al querer
vivir va a tener muchas ganas de querer lograr cosas, porque
estará colmado de esperanzas.

También para entretenerse mantendrá activos los defec-
tos con los que va a lidiar el resto de su vida.

Por lo menos con sus pequeños o grandes defectos man-
tendrá entretenidos a los que lo rodean.

Tú ya tienes la felicidad de estar en la aventura de la vida.

Y el Francesco ese, el de antes, ahora convertido en luz, una luz
de esplendor, amor e inocencia, bajó planos, recorrió con cierta
rapidez cada uno de ellos. Mientras avanzaba en su descenso,
el Cielo iba cambiando de aromas, de perfumes, de cantos, de
coros angélicos y huestes celestiales.

Y él fue en busca de esa energía que emanaban los padres
que él había elegido tener.

El espíritu de Francesco había merodeado durante dos
años el bonito cuerpo de su madre.

Él entró uniéndose al cuerpo de su progenitora.

Pero luego una fuerza, una fuerza inmensa, lo jaló hacia
arriba. En segundos volvió a estar en el mismo lugar del Cielo
y hasta con el mismo maestro que le había dado tan cariñosa
despedida.

Ya en la Tierra habían pasado tres meses.

–¿Qué haces nuevamente aquí?

–*Pues no lo sé, creo que hice algo mal. Estoy en el Cielo nuevamente, ¿no es así?*

–Claro que lo estás... pero quédate tranquilo, volverás a la Tierra. Es que algunas veces el sistema de nacer falla. Tienes que hacerlo con mucha más lentitud, a veces se necesita un poco de paciencia. Volverás a entrar, pero ¡hazlo con ganas!

–¡Es que lo hice con ganas, me gustó hacerlo!

–Por eso mismo te lo digo. Cuando entraste al cuerpo de tu madre con tantas ganas, sin querer lo hiciste de un modo brusco y entonces el cuerpo de tu madre no soportó tanta energía y abortó el espíritu. Ahora tienes una nueva oportunidad, así que vete, ya es hora.

–*Está bien lo intentaré nuevamente. ¡Adiós, maestro!*

–Adiós, mi querido Francesco.

Francesco entró, por fin, al cuerpo de su madre, y se quedó calientito nueve meses, a veces con ganas de estirarse. Otras veces podía atisbar un poco la luz del sol, pero tuvo que armarse de paciencia para esperar las nueve lunas hecho un ovillo. Unas veces dormía, y otras sentía que el lugar lo iba apretando; ya no veía la hora de nacer para conocer a su madre, quien junto a él le mostraría la vida.

El bebé en algunos momentos podía escuchar las voces de sus padres.

Amaba el latido del corazón de su madre y a medida que iba creciendo en el vientre, el lugar le iba quedando más pequeño, y él pateaba con sus piernitas y sus piecitos, recién terminados por la sabiduría de las células perfectas creadas por el Gran Padre.

Había momentos agradables, como cuando se colocaba un dedo en la boca y sus manos le parecían mágicas y divertidas, pero de vez en cuando una luz le molestaba.

Después pudo darse cuenta de que esa molestia la causaban las benditas ecografías, donde sus padres podían espiarlo. Algo que él también hubiera querido hacer, pero todavía no se ha inventado máquina alguna que ayude a los bebés a curiosear a sus padres.

–*¿Cómo será nacer?* —se preguntaba el bebé—. *¿Por qué no habré elegido ser mujer? Ese detalle se me pasó por alto* —pensaba la conciencia del bebé—. *¿Será que estos papás necesitan un varón? ¿Será que en mi próxima vida elegiré ser mujer? ¡Ellas son lo más bendito que existe en la Tierra!*

Y pasaron las nueve lunas, los nueve meses de espera, esa expectativa que en los últimos días se hace eterna.

Él empezó a sentir que el lugar que lo cobijaba ya le estaba dando la despedida. Las contracciones del útero empezaron a empujar su cuerpecito y en la bolsa que lo cobijaba ya no estaba ni siquiera su agüita calientita que lo acariciaba.

Alguien lo tomó con un guante, le torció un poco la cabeza, y eso dolió. Segundos después se vio tomando su primer respiro, y a pesar de que la otra mano del guante le dio un golpecito en el trasero, él sólo atinó a reír. Hacía mucho frío donde estaba, pero la temperatura no obstaculizaba su sensación de inmensa felicidad. Su amorosa madre lo abrazó y él sin poder ver con claridad creyó advertir lágrimas de alegría en ella. Estar en los brazos de la madre era tener la misma sensación de estar flotando en el Cielo.

¡Hay tantas formas de estar en el Cielo mientras estás en la Tierra!, le había dicho una vez un maestro del Cielo al alma de Francesco.

Y en las salas de partos y en los quirófanos, los ángeles asisten, como el arcángel Rafael, que hace símbolos en los vértices de las paredes para proteger el cuerpo del recién nacido.

Cuando un bebé nace, los ángeles que están en la sala de partos aplauden y bailan entre ellos. Mariposas celestiales aletean alrededor de los angelitos. Los duendes de la madre Tierra saltan encima de la camilla sin que nadie se dé cuenta. Un libro dorado salta de las bibliotecas sagradas y se abre en la primera página. Y ahí se empieza a armar el primer capítulo. Cuando el bebé toma el primer respiro, Dios le tira un beso.

También mientras alguien está naciendo, en algún otro lado alguien se va. Pero el que parte también se va de fiesta, y en el túnel del Bosco todos se cruzan yendo y viniendo, tomados de las alas de los arcángeles. Andan saltando, riendo felices de atravesar una y otra vez el espacio del tiempo. Porque vivir es maravilloso, estés donde estés, y si alguno de estos bebés que nacen decide irse apenas sale de su mamá, también se va riendo.

Entonces, ¿para qué temer?

En eso un ángel acarició la mollerita del bebé diciéndole:

–Bienvenido a la fiesta de la vida.

Ahora empezaba la aventura de Agustín, así sería como lo llamarían sus padres.

El Francesco que había muerto enojado, que había vivido experiencias maravillosas en el Cielo siendo alma, ahora tenía un cuerpecito y una memoria prodigiosa, con la cual recordaría cada suceso y enseñanza del Cielo.

Agustín fue creciendo en una casa llena de amor, situada en una pequeña aldea del sur de Italia. Su hogar estaba enclavado en lo alto de una colina. Su casa tenía un gran jardín, lo visitaban mariposas, pajaritos y el sol iluminaba cada rincón de su hogar. La casa, pequeña y acogedora, despedía el aroma de sus comidas y postres preferidos.

Su madre era una mujer callada, exigente, cariñosa y muy poco alegre. Su carácter tendía a ser melancólico. Ella repetía una y otra vez que no quería esa casa porque le resultaba aleja-da de todo el resto de la gente.

Su padre era un hombre trabajador, medio quedado en sus ambiciones, que trabajaba en el campo haciendo diversas tareas para el dueño, que siempre le mandaba algún regalito usado para su amado hijo Agustín. Y ante ese regalo que él re-cibía como un tesoro, su padre decía:

–**La basura de algunos es tesoro de otros** —como enoja-do por no contar con los medios para darle a su hijo el mismo regalo, pero sin estrenar.

La relación familiar era armoniosa y muy rutinaria. Siem-pre se realizaban los almuerzos a la misma hora, ni un minuto antes ni después. En las noches, la familia se dormía a la mis-ma hora, y los fines de semana se hacían siempre los mismos paseos.

Agustín ni siquiera tenía amigos, y anhelaba tener un her-mano para compartir sus juegos, pero ese hermano jamás llegó.

Cuando fue el momento, Agustín empezó a asistir al jar-dín de niños. Fue toda una experiencia, ¡no le gustaba! Él sólo quería jugar con sus amigos imaginarios en el jardín de su casa, le gustaba inventar historias y creérselas. Amaba la naturaleza, las flores y, entre ellas, las rosas. En los frondosos rosales que cuidaba su madre, él se entretenía escondiendo juguetes como si fuera un lugar secreto, y luego los iba a buscar con la alegría de encontrarlos acompañados por algún insecto, a los cuales incluía en sus juegos como otro juguete más. Las rosas le ha-cían rememorar algo muy dulce que le había ocurrido en algún momento del pasado, pero no podía recordar cuál.

En el jardín de niños no había juego que lo entusiasmara, trataba de portarse bien pero siempre hacía algo que termina-ba en un reporte de la maestra a la madre.

Su mamá, Mónica, decía que él era caprichoso e introvertido, pero con un corazón muy noble, y en el fondo muy bueno. Al niño, lo de caprichoso no le gustaba mucho, pero interpretaba que él era bueno cuando estaba en el jardín atrás de su casa, porque no molestaba.

Una vez escuchó a su madre decirle a una vecina que estaba preocupada por él, porque su niño era algo raro, que andaba demasiado tiempo hablando solo, y que a veces hacía comentarios extraños, sobre cosas incomprensibles para ella. A Mónica, lo que más le preocupaba eran las horas que su hijo se quedaba mirando hacia el Cielo, hipnotizado por el color del firmamento y el pasear de las nubes.

–Dice que habla con su ángel —le comentó la madre a su vecina—. Nunca le hemos hablado de ángeles. ¿Será normal? —expresó Mónica a Marta, su única amiga.

–No sé, Mónica, el niño está demasiado solo, quizá debas mudarte, encontrarle amigos... Debes tener cuidado, esta etapa de su vida es primordial para su personalidad.

Después de escuchar esa conversación, Agustín se juró ser sólo un niño más. Ya no contaría nada de su Ángel, al que él llamaba Aniel, y no miraría al Cielo ante otros con tanta insistencia como lo venía haciendo hasta ahora, sólo lo seguiría mirando disimuladamente. Él sólo quería saber si desde el jardín de su casa llegaría a ver alguna señal de los cielos que había conocido mientras era tan sólo un alma. Sólo era un poco de curiosidad. No creía estar haciendo algo malo, como para causarle tanta preocupación a su madre.

"¡Pero el mundo de los mayores y el de los niños son tan diferentes!", pensó Agustín.

Lo que Agustín no sabía era que desde arriba lo observaban, lo tenían muy presente. Los maestros celestiales sabían muy bien que él no sería un alma común, aunque ninguna lo es. A él en su vida anterior no le gustaba cumplir años, pero los maestros le enseñaron que el día de nacimiento de cada persona es sagrado y como tal habría que festejarlo.

Así que en esta vida esperaba con ansias su cumpleaños.

El día 5 de febrero sería el aniversario del niño. Él en esta vida soñaba con una gran fiesta, pero toda su familia eran tan sólo ellos tres. El resto estaba viviendo en España. Su cumpleaños lo festejaría también con sus compañeros del colegio, aunque eran sólo compañeros.

Agustín iba por su octavo cumpleaños, no sabía por qué, pero éste sería un año importante para él. Siempre llovía en su cumpleaños, la lluvia se convertía en nieve que siempre terminaba tapando los caminos, lo que hacía imposible que pudieran llegar a su casa.

La comida estaba preparada, la leche en jarras de vidrio con muñecos de Mickey, chocolates y dulces, algunos sándwiches y refrescos. Al lado de la chimenea las bolsitas con los juguetes de regalo. Jugarían a algo, lo que sea, y lo más probable es que se quedaran dentro de la casa porque en el jardín el frío congelaría a sus amigos.

Agustín esperó ansioso todo el día a que llegara la hora indicada para empezar con el festejo, pero la primera hora pasó y la segunda también sin que apareciera nadie.

Otra vez la nieve, los llamados de felicitaciones y la disculpa de la ausencia, todas hechas por los respectivos padres de sus compañeros mientras éstos, enojados con el mal tiempo, insistían en ir a saludar a ese compañero tan singular que se hacía querer apenas lo conocías.

Agustín no dijo una sola palabra, comió, miró la televisión y sus padres le cantaron su feliz cumpleaños.

En cuanto su madre buscó los cerillos para encender la vela y el padre fue en busca de su cámara de fotos, Agustín colocó su anillo, el que llevaba un círculo con el símbolo del yin y el yang.

Agustín terminó de darle el soplido a la última vela y comentó en voz muy baja:

–*Un cumpleaños más, con ganas de festejarlo, sin amigos, y pensar que...*

Y pensar que...

–¿**Y pensar que qué?** —preguntó su madre.

–*Nada, mamá* —contestó el niño—. *Me voy a dormir, estoy cansado. ¡Maldito cumpleaños!* —dijo, y pegó un portazo.

Llegó a su habitación y se tiró en la cama a llorar desconsoladamente. *"Y pensar que en la vida anterior todos deseaban festejar mi cumpleaños pero yo lo odiaba, ahora que lo quiero festejar no hay gente para brindar. ¿Será que Dios le da pan a quien no tiene dientes?"*

Los maestros lo observaban, y decidieron festejarle ellos su día haciéndole un hermoso regalo. De pronto a Agustín se le apareció su ángel en los pies de su cama. Era la primera vez que lo podía ver tan presente, nítido, casi humano. Brincó de alegría, hasta lo podía tocar, tocaba sus alas una y otra vez, lo acariciaba, él saltaba en la cama, lloraba de alegría y le soplaba la cara a su ángel Aniel, a ver si desaparecía, pero el ángel no se iba porque quería estar con su protegido.

Aniel lo abrazó y le susurró al oído cuánto lo amaba. El abrazo de los dos se perdía en el tiempo y en el espacio, un abrazo de amor intenso, a falta de todos los abrazos que no pudieron darle sus compañeros de la escuela. El ángel lo soltó suavemente y le dijo:

–Agustín, mírate en el espejo, quiero que veas tu aura.

Agustín se secó las lágrimas, se bajó de la cama y caminó hacia el espejo que se encontraba dentro del clóset.

Se miró y exclamó:

–*¡Guau, estoy cubierto de una luz azulada! ¿Qué es esto?*

–Eso significa que eres un niño Índigo, que tienes una luz diferente a los demás, que eres como otros niños que están naciendo en tu misma época. Todos los de tu edad y algunos otros más grandes que tú, tienen el aura de ese color.

–*¿Y esto qué significa? Es que sigo sin entender.*

–Significa que vienes a cambiar las conciencias de otras personas, que mientras duermes tu alma viaja para encontrarse con otros niños como tú, y lo que hacen entre todos es crear paz en este mundo. Pero no todo es de color azul, hay algunos pequeños detalles que debes saber. Te costará poder concentrarte en las tareas de la escuela que no te gusten, las reglas o condiciones que te impongan te serán desagradables y deberás dominarte para respetarlas, serás rebelde para los adultos. Debes intentar comprender a tus padres, porque ellos no podrán entender tus reacciones.

Te gustará estar solo, amarás la música, el arte, el vértigo, eres y serás sumamente intuitivo. Escucharás tu percepción y la razón luchará para que vayas hacia la lógica, pero recuerda que no siempre el sentido común tiene la razón, la intuición tiene razones que la razón no entiende.

Pasará mucho tiempo hasta que vuelvas a verme, pero igualmente yo estaré siempre contigo. Dime lo que necesitas y seré el mensajero de tus pedidos más sentidos. Te escucharé siempre y te abrazaré cuando me lo pidas. Sé que te sientes solo. Aún eres pequeño para ese sentimiento, a veces lamento que desde el Cielo te hayamos dejado nacer sin pasar por la ley del olvido. Quizá tendrías que vivir como cualquier otro niño, con una vida más normal, no tan solitaria ni aburrida.

–*Pero yo no me aburro* —dijo Agustín refregándose los ojos mientras miraba el rosario que colgaba en la cabecera de su cama.

–¿Eres feliz? —preguntó el Ángel.

–*No lo sé. Creo que soy raro, eso dicen mis padres y me lo estoy creyendo.*

–¡Creencias! Eso es lo que hacen los padres. Te dejan creencias. Algunas te servirán para vivir y otras serán obstáculos para superar.

–*De cualquier modo, sé que no soy común. Todo me parece maravilloso, cada amanecer, cada flor que sale del jardín, cada beso de mi mamá o cada salida con papá, pero...*

Agustín se olvidó de lo que iba a decir. Aniel esperó que terminara, pero Agustín se quedó en silencio... sólo atinó a regalarle al ángel una sonrisa y a hacerle un pedido.

–*Dile a Dios que lo amo y que lo seguiré amando eternamente, pase lo que pase en mi vida.*

El ángel le acarició su aura azulada y se quedó a su lado hasta que Agustín se quedó dormido.

III

Nadie cruza el puente antes de tiempo

Nadie cruza el puente antes de tiempo,
porque morir es parte de la vida.
No se teme en momentos difíciles,
porque el alma es sabia
y sabe darle tranquilidad a la mente.

FIRMA: TU MAESTRO EL TIEMPO

Y fueron pasando los años, los cumpleaños, y las primaveras que tanto amaba Agustín.

El amor a las rosas lo dejaba disfrutar de los aromas que había en el jardín de su casa.

Ahora él tenía compañía, un perro labrador de color beige que era tan inquieto y travieso que no dejaba en pie una sola flor, ni siquiera las bancas del jardín, a las que les había roído todas las patas de madera.

El perro jugaba hasta cansar al niño, ese niño que lo llamaba Pancho, un nombre que el animal no registraba porque nunca obedecía sus órdenes. Parece que el más libre de la casa era el perro.

Poco a poco, el ambiente de la casa empezó a ensombrecerse, aunque no le decían qué pasaba. Un día su papá lo despertó para invitarlo a dar un paseo en la tarde. Agustín ya tenía una idea de lo que estaba sucediendo. Sabía que su padre estaba enfermo, lo veía día tras día desmejorado. Su papá hacía un esfuerzo enorme para que todo estuviera como antes de enfermarse pero era inútil, faltaba a su trabajo, dormía, no comía casi nada e iba frecuentemente al hospital. Cuando regresaba estaba peor, vomitaba y temblaba hasta que se quedaba dormido.

El niño le había preguntado varias veces a su madre qué enfermedad tenía papá, pero su madre —algo ignorante, quizá— no quería contarle toda la verdad. Ella un día inventaba una indigestión, otro un problema de presión arterial y así, olvidándose de la mentira que el día anterior había inventado.

Un día, Agustín estaba sumergido entre los libros y las carpetas de la escuela. Mientras miraba dibujos animados, el reloj de su cuarto, colocado arriba de su cuadro preferido de futbol, dio las siete de la noche.

Su padre entró despacio al cuarto, con cara un poco preocupada, se dirigió al niño y lo invitó a dar un paseo por el camino que bajaba del cerro donde estaba ubicada su casa.

–Si quieres —agregó Antonio—, puedes llevar a Pancho de paseo, pero colócale su correa porque no estoy para correr. Sabes que le gusta escaparse y cuanto más lo llamas más se aleja de nosotros. ¿Recuerdas ese día que no lo encontrábamos y se había escondido en el negocio de comida rápida?

–¡Ay, papá! Ya sé que Pancho no obedece, pero qué quieres, nosotros no lo educamos. Ya llegó mal educado de la calle. Sin embargo, a veces parece darse cuenta de cómo nos encontramos de ánimo, porque siempre se acurruca al lado de quien está más cansado o preocupado. ¿No has observado cómo te mira, cómo te sigue y hasta te cuida con sus ladridos cuando teme que algo malo te suceda?

–No lo he notado. La verdad, hijo, últimamente siento que estoy poco presente en las cosas cotidianas. Pienso demasiado en otras cosas, además no me siento bien y le tengo miedo al dolor. Siempre estoy tenso, porque no sé en qué momento me aparece alguna molestia. No hay un solo día que no piense en forma negativa con respecto a mi salud —continuó diciendo el padre de Agustín, mientras descolgaba el abrigo del perchero.

Agustín, haciéndose un poco el disimulado, cambió el tema de conversación y dijo:

–*¿Qué te parece si seguimos la charla en nuestra salida? Espérame a que le ponga su correa a Pancho y nos vamos.*

–No olvides tu abrigo, ha empezado a nevar, aunque es poco lo que cae, pero te enfriará la nariz.

Y los tres se fueron a pasear. Al principio, Agustín hablaba de las travesuras que hacía en su escuela, de lo odiosa que era su maestra y de la cara de bruja de la directora.

Su padre, en cambio, iba con su conversación interna, meditando sobre cómo empezaría a contar lo que le estaba sucediendo. Agustín le preguntó a su padre:

–*¿Te gustaría entrar a tomar algo caliente o a comer un rico postre?*

–¡Sí, claro! Éste es un bonito lugar —contestó Antonio señalando el bar que estaba en la esquina.

–*Espera, padre, quisiera sentarme en la plaza para dejar que Pancho juegue un poco, y ahí me dirás lo que quieres contarme.*

Antonio asintió, y se dispuso a limpiar con la gorra de Agustín la banca de piedra que estaba algo mojada.

–Agustín, quisiera que prestaras atención —dijo su papá Antonio, mientras la voz le empezó a bajar de tono, y con un ritmo tierno y dulce le empezó a hablar a su amado hijo. Volvió a hacer otros comentarios sobre su enfermedad y del miedo a dejarlos abandonados.

Un relato que a Agustín le pareció ya conocer. No le costaba trabajo recordar algunas situaciones de su vida anterior. El camino que su padre quizá iría a recorrer si muriera, él ya lo conocía.

Agustín escuchó con amor y con el corazón abierto las palabras de su padre, y de pronto las lágrimas de los dos empezaron a fluir, y el abrazo tampoco se hizo esperar.

Un abrazo que Agustín hubiera querido que durara para toda la vida, un momento que él hubiera querido detener, pero el tiempo es un tirano y ni en momentos tan fuertes como ése se detiene.

Tan sólo queda disfrutarlo y guardarlo en el alma.

Agustín, con cierta timidez y con un poco de miedo de que su padre no le creyera, le contó de qué modo él recordaba algunos pasajes de su vida anterior y otras experiencias que le habían sucedido con los maestros del Cielo.

Y Antonio, como toda persona que se encuentra indefensa ante las tragedias de la vida, decidió creer la fantástica historia que su hijo le había relatado. Además, ese relato le daba cierta tranquilidad.

–*La muerte no existe, es tan sólo un cambio de ropa, como otros cambios* —dijo Agustín de lo más sonriente a su padre—. *Tú crees que aquí se acaba todo y no es así; nosotros, los que nos quedamos sufriendo por los que se nos van, somos egoístas y queremos que quienes amamos estén siempre con nosotros, y esto es imposible. Tendríamos que nacer sabiendo ya que todo tiene un principio y un fin. Y que quien vive bien, muere bien.*

A veces los médicos dan dictámenes equivocados, y sus diagnósticos no siempre son exactos, no son como las matemáticas, en medicina dos más dos no es invariablemente cuatro.

Los remedios no siempre sanan, pero lo que sí puedo ase-
gurarte es que hay una medicina que es el mejor bálsamo para el
dolor, para el sufrimiento o para la incertidumbre, y ésa es la Fe.

Sé fiel, padre, a la vida. Ser fiel es creer, quien no se es fiel a sí
mismo no podrá ser íntegro consigo mismo.

También pregúntate qué deberías aprender de todo este pro-
ceso, y para qué te puede ayudar la experiencia de estar enfermo.

Yo le pediré a todos los seres de luz que te den las respuestas
que más necesitas, y te voy a mostrar que los milagros también
existen.

—Hijo, me colma de orgullo tu sabiduría y tu amor, pero
estoy seguro de que me queda poco tiempo, y por eso te quiero
pedir que no te olvides del amor que les tengo a ti y a tu madre.

—*Si tú nos quieres tanto, ¿por qué nos quieres abandonar?*
¿Por qué te has enfermado?

—No lo sé. ¿Siempre te enfermas por alguna razón? ¿Tú
crees eso? —preguntó fastidiado Antonio.

—*Sí, padre, estoy seguro de lo que te estoy diciendo. Siempre*
hay un para qué, aunque sea en una enfermedad.

—Entonces soy una excepción, porque no puedo encontrarla. ¿Tú me puedes ayudar a descubrir qué es?

—*No, papi, yo no lo sé. Quizá te callaste demasiadas cosas.*
Nunca te escuché gritar, jamás te vi enojado. Y mira que mami
no es ninguna santa. Si hay alguien que puede sacarte de tus ca-
sillas es ella.

—Pobre mamá, si supiera qué estamos diciendo de ella,
estaría furiosa.

Las risas y el llanto se unieron en un abrazo.

—*No me dejes papi, ahora que te necesito tanto para que me*
acompañes en esta etapa de mi vida.

—Tú tienes la buena suerte de saber mucho de esta vida,

y de cómo comunicarte con Dios. No me pidas algo que no depende de mí. Yo prometo trabajar en mi fe, y hacer todo lo que esté a mi alcance para salir de esta dolorosa situación. Pero si esto no sucede, si el milagro no aparece, entonces, ¿qué harás?

–*Te llevaré en mi corazón y en mi alma toda la vida, le hablaré a mis hijos de su abuelo, cuidaré de mamá, haré todo lo que me haga feliz, para que te sientas orgulloso de mí.*

Y tú me visitarás en sueños, yo te soñaré de modo diferente de vez en cuando, y sabré que en cada sueño estarás entrando en mi alma, sabré que no estás en el cementerio ni en las cenizas, porque estarás a mi lado, hasta que tu alma decida volver a tomar otro cuerpo.

Pero algo sí te puedo asegurar, y es que no dejarás de cuidarme, sino hasta que me veas suficientemente fuerte para cuidar de mí mismo.

Ningún espíritu abandona al que queda sin tener la certeza de que quien se queda estará bien en algún momento.

–Y yo, desde el lugar donde me encuentre, querré siempre verte sonreír, quisiera que te conviertas en un gran hombre y sobre todo estaré velando por tu felicidad, y tú sentirás en tu corazón todo el amor que te tengo.

–*Pensemos también que te puedes sanar, y tú podrías darle a esta vida otra oportunidad.*

De los ojos de Agustín comenzaron a brotar lágrimas. El padre lo tomó de la cabecita, lo acarició y se quedaron abrazados unos minutos.

Agustín quiso hacerse el fuerte y secando las lágrimas de ambos con su pañuelo le sonrió a su padre. En un momento se levantó de la banca y fue a abrazar a su perro que se había enredado con el collar, lo desató suavemente, le hizo una seña a su padre para que se levantara y los dos se dispusieron a seguir el paseo.

Antonio le propuso caminar hacia la calle principal del pueblo, y en vez de llevarlo a tomar el postre, le dijo que quería hacerle un regalo para que siempre lo tuviera presente.

Agustín le dijo que no hacía falta que le hiciera ningún regalo, porque los recuerdos tenían que ver con momentos y sensaciones, no con cosas.

–Ésa es tu forma de pensar y la respeto —dijo su padre Antonio—. **Pero ahora déjame hacerte el regalo que quiero, déjame darme ese gusto.**

Antonio pensó en todas las veces que no había tenido dinero para regalarle a su hijo lo que deseaba. Agustín siempre recibía los regalos usados, aunque para él eran nuevos. Y Antonio pensó en cuántas veces nos damos cuenta de los errores que cometemos en los momentos difíciles, en los momentos culminantes. Agustín infirió la charla interna de su padre, y sin hacerle ninguna pregunta dijo:

–*Todos aprendemos en momentos difíciles. Para eso sirven estos momentos, sirven para cambiar. Recuerda, padre, que nunca se cambian los jugadores cuando el partido se va ganando.*

Antonio ni siquiera escuchó el comentario, solamente le pidió a su hijo que se quedara unos minutos fuera de la librería que había elegido para entrar a comprarle un regalo.

Agustín, con ese respeto amoroso que sentía y con una sonrisa de amor y pena, miró el cartel de la librería y le encantó su nombre: "Librería de la Fe".

En cuanto bajó la cabeza le respondió a su padre:

–*Te espero aquí.*

Mientras Pancho se disponía a usar el árbol que estaba en la puerta del pequeño negocio, Agustín no dejaba de pensar en por qué la vida debería tener estos condimentos tan amargos.

Antonio entró, pidió unos libros y compró unos dados. Escribió una dedicatoria en una de las hojas y salió contento del lugar.

Le entregó a su querido hijo el regalo. Agustín no esperó a llegar a su casa, rompió la envoltura, abrió los libros y quedándose maravillado con los dibujos que tenían, preguntó:

–*¿Es un juego, verdad?*

–Sí, se llama rol, podrás armar tu propia historia, podrás convertirte en mago, guerrero, sacerdote, o elegir en lo que te quieras convertir. Te enseñaré a jugar en cuanto lleguemos a casa. Eso sí, tienes que jugarlo entre amigos. Cuantos más sean más se van a divertir.

–*Pero, papi, si sabes que me gustan los juegos en los que puedo estar solo, y que no tengo amigos.*

–Eso es lo que me preocupa de ti. No sé cómo no te aburres con tanta soledad.

–*No me aburro ni me siento solo.*

–¡Pero eso no es normal! Pareces autista.

–*Sabes que no lo soy. ¿O de verdad lo crees?*

–¡Demuéstrame que eres capaz de salir a invitar a tus compañeros a jugar este juego!

–*Es que pierdo tiempo cuando estoy con ellos. Siento que no hablan mi mismo idioma*

–Pero si todos son de este país. No te entiendo. ¿De qué idioma hablas?

Y la expresión de Agustín se transformó en disgusto.

–Habla hijo, ¿qué idioma?

–*Ya lo sabes.*

–Ah... claro, nadie habla de energía ni de campos áuricos,

ni de ángeles, ni de transformación de crisis como tú. Déjame decirte algo, hijo querido, no pareces de este planeta.

Creo que te equivocaste, hijo, naciste en un lugar donde tus compañeros, e incluso nosotros, no sabemos nada de lo que nos cuentas. Y, sin embargo, eso no significa que los demás no puedan ser tus amigos.

–*Sí, pero no son mis pares. Yo debería despertarlos para poder ayudarlos a que evolucionen y tomen conciencia del poder divino que llevan dentro.*

–¡Deja eso para la iglesia! Entiende de una vez por todas: tú sólo dedícate a jugar y por favor hazte de amigos, a la larga te será útil en la vida, y además no podrás jugar este juego si estás solo.

–¿Por eso lo compraste?

–No te enojes conmigo —dijo Antonio riéndose pícaramente—. Este juego tiene también ese pensamiento mágico que a ti tanto te gusta. En él estarás creando conjuros, estarás rodeado de Hadas, Elfos y Duendes, así que no fui tan egoísta, en parte escogí el regalo pensando en lo que te gusta.

Agustín siguió estando serio. Ahora él había entrado en una profunda conversación interna, en la que se decía: *"No tendría que haber nacido aquí. Éste no es mi mundo, ésta no es mi gente".*

Y Agustín llegó a asustarse con ese pensamiento en cuestión de segundos.

Iban los dos caminando, subiendo hacia el camino que conducía a la casita, y el paso de Agustín sin querer se había vuelto más rápido de lo habitual, olvidándose de que su padre se agitaba al caminar. Cuando el niño salió de su íntimo pensamiento, miró hacia atrás y vio a su padre caminar encorvado, pálido, flaco y se dio cuenta de que no le quedaba mucho tiempo para aprovecharlo. Se volvió corriendo y siguió caminando a su lado, ni más lento ni más rápido, sólo acompañando el paso y cambiando el tema de conversación. Él decidió ignorar esa sensación poco placentera que le producía el tener que estar con personas a las que quería, pero con quienes no soportaba pasar mucho tiempo.

IV

Juega a ser el Mago de tu vida y la vida se convertirá en mágica

En el Cielo no existen fallas.

Los maestros son perfectos.

Sólo a veces algunas almas juguetonas que habitan los planos más altos del Cielo hacen travesuras en la vida de las personas. Pero de esto nunca nadie se entera. Esas travesuras llevan la intención de que cada ser pueda vivir el mundo de las coincidencias.

Si la vida se sostiene por instantes, y el milagro de un instante nos hace coincidir, juega a las causalidades, juega el rol de la magia y la magia vendrá como el arte de ser magos.

Consejo dado por el maestro DESTINO
a un conjunto de almas que estaba por nacer

Mientras tanto, desde el Cielo venían observando a este niño, al que los maestros celestiales le tenían mucho amor, su niño del alma, así le decían ellos cuando hacían algún comentario sobre su persona.

Y justamente esos maestros, muy preocupados, solicitaron a los demás maestros hacer una reunión al atardecer.

Cuando el sol dibujaba el anaranjado en las nubes, todos los maestros se reunieron en la gran nube azulada.

Tomó la palabra el maestro que manejaba los tiempos de la Tierra.

–Queridos maestros, quiero comunicarles que hemos cometido un error en el alma de Agustín —dijo Metathron, un maestro al cual en todos los planos del Cielo admiraban muchísimo.

–¿Un error? —preguntó el maestro encargado de mostrar el destino de cada alma que llegaba al Cielo.

–El niño no ha pasado por la ley del olvido, y recuerda demasiadas situaciones de su vida aquí en el Cielo —dijo Metathron—. Tanta sabiduría influye de modo negativo en Agustín, no es bueno que a sus ochos años no sea un niño como los demás. La sabiduría debe manifestarse solamente a través de la experiencia con la vida. Veo al niño demasiado solo, y ese disfrutar de la soledad se logra con el transcurrir del tiempo. Pero a él, esa soledad lo aleja demasiado de la gente.

Lo estamos poniendo en una situación de demasiada responsabilidad, él no está disfrutando de su niñez como otros niños. No disfruta de las travesuras como sus compañeros. Se queja de la mediocridad de la gente. Se impone reglas como un adulto maduro. El hecho de que Agustín pueda entender el sufrimiento de su padre, es bueno para él. El que pueda entender en un futuro la muerte de su adorado papá, también lo ayudará, pero hasta aquí debemos llegar.

Él sabe que su ángel y todos los maestros del Cielo lo cuidamos, pero habla demasiado con nosotros. Añora este lugar, no vive lo que podría vivir y demasiada protección del Cielo lo va a hacer olvidarse de sus responsabilidades.

¿Ustedes saben de lo que estoy hablando? Es el problema de muchos fanáticos de las religiones, esos que son demasiado creyentes, todo lo dejan en manos del Dios en el que creen. Cuando las personas lo dejan todo en nuestras manos, no hacen lo suficiente para hacerse cargo de sus vidas, y esto muchas veces suele hacerles daño.

Así culminó el ángel sus comentarios.

–Ustedes saben que nosotros aquí decimos que las personas hagan en su vida todo lo que les sea posible para ser felices, como si en el Cielo no hubiera nadie que los ayudara, y que luego pidan, desde la Tierra hasta nuestro Cielo, que nosotros nos encarguemos de hacer todo lo que ellos soliciten.

Recuerden que nuestro maestro Jesús necesitó para su primer milagro sólo unas gotas de agua para poder transformarlas en vino, y también necesitó unos pocos panes y peces para multiplicarlos.

Si las personas no hacen su parte, ustedes saben bien que nosotros tenemos órdenes de no hacer cambios. Esto es mitad de ellos y mitad nuestro, trabajamos en sincronía con esas almas.

–¡Agustín no quiere hacer nada! —dijo un arcángel entrometiéndose con toda razón en la plática—. Él espera que todo se lo demos desde aquí, espera que los milagros vengan solos y eso no será provechoso para su vida.

El silencio y la atención de los maestros y de los guías espirituales eran totales, expresando que aprobaban las palabras del maestro tan sólo con expandir su luz.

¡Así que decidieron hacerle un cambio al niño, sin siquiera consultarlo con los otros maestros, ni siquiera con su supremo y amoroso Dios!

Finalmente, pronunció la sentencia el ángel Metathron:

–Esta noche entraremos en su campo áurico, desactivaremos sus chakras y entraremos con nuestros rayos violetas a su tercera dimensión. Al entrar en su campo causal borraremos lo que hay en su mente, borraremos también las emociones adquiridas en esta vida del Cielo y las experiencias de sus vidas anteriores.

Él no se sentirá bien, quizá tenga algo de fiebre, mareos o algún sarpullido en algún lugar de la piel. Síntomas normales que sufren los humanos cuando desde aquí los purificamos.

Los maestros decidieron esa misma noche borrarle la memoria que no habían querido quitarle antes de que él naciera.

Algunas personas no pasan por la ley del olvido y nacen acordándose de cada instante vivido en el Cielo. Los maestros del Cielo decidieron que con Agustín esto ya no sería así.

Agustín, como ser de luz especial que es, se acordaba de todas las historias vividas con sus amorosos maestros. A este tipo de memoria los iluminados celestiales lo consideraban contraproducente para su crecimiento, estaban convencidos de que iba a entorpecer el desarrollo de su vida.

Pero Agustín era demasiado inteligente para olvidarse tan fácilmente de lo que tanto le gustaba recordar.

Esa noche, los maestros lo trabajaron desde el plano más alto del Cielo, y Agustín durmió muy mal, daba vueltas y vueltas en su cama, tenía calor y esto le hacía sentirse incómodo.

Los maestros, mientras tanto, hicieron su trabajo.

Agustín se despertó, empapado en sudor, la cabeza se le partía en dos y creía que estaba en una habitación que daba vueltas para un lado y para otro. Con la poca voz que le quedaba, llamó a su madre para que lo asistiera y ella llamó al médico del pueblo. Tuvieron que esperar más de dos horas a que llegara el doctor.

El doctor entró y lo revisó, encontrándole sólo algo de fiebre. El doctor le dijo a su madre que el niño sólo tenía un estado gripal o la incubación de alguna enfermedad proveniente de un virus. Habría que esperar veinticuatro horas y luego él volvería a visitarlo.

–Regresaré a revisarlo. Déjelo en reposo hasta que mejore —dijo el doctor mientras recogía sus instrumentos y le recetaba penicilina.

A Agustín lo angustiaban los médicos y las enfermedades, no le gustaba quedarse en la cama, quería salir a jugar en su jardín. Sin embargo, pasaron los días y él seguía sintiéndose mal, no notaba mejoría y su ánimo había decaído, parecía que sufría una especie de nostalgia desconocida.

Un día se acordó de los libros que su padre le había regalado unos días antes de fallecer. Le pidió a su madre que los buscara, le indicó dónde los había guardado y ella se los acercó. Él se dedicó a mirar todas las fotos de elfos, magos, duendes y hadas sin que nada le llamara particularmente la atención, hasta que vio una figura de una especie de ángel, y fijó su vista como añorando algo que ya no recordaba bien qué era.

Se entusiasmó con el juego, y se prometió que una vez que se sintiera bien, haría algunos cambios, entre ellos estaría más en contacto con sus compañeros, e iría a estudiar algo nuevo, como pintura o música. No estaba muy decidido, pero algo haría.

Pasaron quince días, Agustín fue volviendo poco a poco a sus actividades, y su cuerpo fue tomando fuerzas y energía.

Sin embargo, su madre seguía preocupada por él. ¿Había hecho algo mal?, se preguntaba su madre casi todas las mañanas, mientras entraba en su recámara para llevarle su jugo preferido.

Ella había comenzado a sentirse frustrada con el resultado de la educación que le había dado a su único hijo.

Su madre se preguntaba: ¿sería algún tipo de castigo al que la sometía su alma?

Agustín trataba de convencerla de que todo estaba bien, pero no había modo alguno de que ella le creyera.

Y en el Cielo aterciopelado por los rayos naranja del sol, uno de los maestros que observaba la escena como si tuviera una pantalla tridimensional, y con un especie de control remoto en una mesa de cristal que lo sostenía, llamó a otro maestro silbándole, aunque no tenía boca, y le hizo señas con su energía de que se apresurara para no perderse la escena que estaba viendo y escuchando.

–Mira, ésa es Mónica, la madre de Agustín. ¡La reconozco por su energía! Su alma brilla cada día más y se torna poco a poco más verdosa y luminosa. Ella ha mejorado mucho, en estos tiempos se dedica a sanar, por eso me es fácil identificarla desde aquí.

¡Qué bonito espectáculo! ¿No te parece?

–Sí, es hermoso. Cada vez son más las personas que tienen este tipo de luz—comentó el otro maestro mientras limpiaba su túnica que se le había mojado con una nube. "Sanadores del nuevo milenio", así le dice a estas almas el maestro del Tiempo.

–Dime, maestro, ¿qué quieres que haga con lo que me muestras? ¿Quieres que ayude a la mamá de Agustín? Pero ¿cómo quieres que lo haga? Si el espíritu de Antonio, su esposo, hace uno y mil intentos por entrar al alma de ella para aparecerse en sus sueños, pero la ansiedad de ella no se lo permite. Es tanta la desesperación que tiene por verlo, que esto le impide establecer el contacto. Lo único que puedo hacer es hablar con su ángel y pedirle que la ayude a bajar su impaciencia.

–Si lo puedes hacer te lo agradecería, no me gusta que nadie sufra.

–Sabes, las personas han hecho un arte de la práctica de

sufrir inútilmente. ¡Fíjate si la muerte es tema que valga la pena para apenarse tanto!

–Es que, mi querido maestro, no hay forma de conformar a las personas cuando muere un ser querido. Cuando lo pueden soñar se preguntan si realmente los visitó en ese sueño, o si fue un sueño con restos diurnos, como dicen los psicólogos.

–¡Así es, todo les cuesta mucho trabajo en la vida! Y me he dado cuenta de que, aunque nuestro amigo el maestro del Tiempo sabe muy bien cómo curar las heridas de los desapegos, no se apresura para recomponer a cada ser humano de esas pérdidas. No hay un tiempo máximo de vencimiento para el dolor de la pérdida, sólo hay personas a las que les toma más o menos tiempo que a otras recuperarse. Los duelos no tienen un tiempo determinado, no son de dos ni de tres años terrestres. Pueden ser también diez o veinte años, todo depende de la fuerza de voluntad que cada persona pueda poner para soltar su dolor y así poder mejorar. Hay que recordar que finalmente todo es cuestión de actitud.

Y desde la Tierra:

Agustín volvió a recordar el juego del rol que le había regalado su adorado padre. Llamó a sus amigos y los invitó a jugar esa tarde a las seis.

Llegado el momento, empezaron a aparecer. Cada uno fue llegando y saludando a su modo, sentándose a ver televisión mientras llegaban los demás. Había ya refrescos y dulces en la mesa.

Cuando decidieron empezar, hicieron una lista en una hoja de papel, donde anotaron sus nombres y los roles que iban a interpretar. Abrieron el libro, revisaron los roles y tiraron los dados para comenzar el juego.

—Yo seré el Ladrón —dijo Marcos, el amigo más querido de Agustín, que también era el más pequeño de estatura—. Los ladrones no tienen más habilidades que correr, trepar, saltar, escuchar ruidos que otros no oyen, pueden vaciar bolsillos y hasta ocultarse entre las sombras.

—¿Y tú qué serás? —le preguntó el ladrón a Gennaro, un niño rubio muy bonito.

—Yo seré el Guerrero, sabes que me gustan las peleas.

—¡Si lo sabremos! —dijo Marcos—. A los guerreros les falta inteligencia emocional, como a ti, golpeas por golpear; eres impulsivo, sirves tan sólo para pelear.

—No importa, así me gusta ser. Iré siempre al lado del Paladín y nos llevaremos perfectamente. ¿Quién de ustedes será el Paladín?

—*Yo no* —dijo Agustín—, *yo seré el Sabio.*

—Yo quiero ser el Mago —dijo Gustavo—, me gusta la destreza que tiene el mago, tendré inteligencia, no seré sabio pero me las ingeniaré para completar mi objetivo, pasaré de nivel y llegaré a mi propósito muy pronto. Crearé una mascota, todo mago tiene una, será parte de mi sangre, ella sentirá lo mismo que yo, me protegerá, y cuando muera mi amada mascota sólo me sentiré débil hasta que pueda crear otra. Usaré el conjuro del tiempo cuando tenga ganas. Detendré el tiempo cuando lo desee. Cuando haya alguien que quiera molestarme, paralizaré el tiempo para los demás, y yo me escaparé. Seré mago de la época medieval, como el Señor de los Anillos, y resolveré cosas que otros no podrán hacer. Podré también crear otros magos iguales a mí, y entonces conseguiré ocultarme de mi propia magia, o multiplicaré mis yoes para enfrentar a algún rival muy poderoso. Usaré al máximo mis destrezas, cuanto más las pueda utilizar mejor será. Sé que necesitaré para eso el poder de la voluntad, de querer hacer muy bien mi trabajo.

–¿Y sólo por eso quieres ser mago? ¡Pero los magos no son fuertes!

–Es que no necesitan ser fuertes, ¿para qué quieren ser fuertes y musculosos? ¡Su fortaleza está en sus poderes! Además, seré un ser neutral. Buscaré el bien aunque esto implique a veces no estar de parte de la ley.

Dijo otro niño:

–¡Yo seré el Clérigo!, una especie de sacerdote. Mi Dios me concederá poderes, me convertiré en un Druida que goza la naturaleza, cuidando el bosque en el que me toque vivir.

–*Yo seré el Sabio. ¡Me gustan los sabios!* —dijo Agustín sumamente entusiasmado.

–Tú de sabio como que no tienes mucho —le dijo Gennaro mostrándole sus faltas de ortografía en la hoja en que estaba escribiendo las fichas de sus amigos—. ¡Ja, ja, ja!

–*¿Cómo que no tengo nada de sabio? ¡Observa esto!*

Y Agustín les mostró a sus amigos cómo se metía en la boca un puño de pasitas con chocolate.

Puso cara simpática y, cuando pudo hablar, les dijo:

–*¡Miren cómo los disfruto!*

–¿Y eso qué tiene que ver?, ¿estás loco?

–*No, miren: sabio es quien sabe algo que puede beneficiar a los demás y lo comunica. En cuanto entiendes sus enseñanzas y las aplicas, tú te beneficias. Cuando yo me vaya de esta vida quisiera dejarles a quienes me conocen un buen sabor, sabor a sabiduría.*

Y todos se quedaron en silencio.

Agustín terminó preguntando:

–*¿Entendieron?*

Y todos los niños se dispusieron a comerse los dulces que estaban sobre la mesa, cuando Agustín, haciendo muecas graciosas, dijo:

–*Hay que ser sabio para comerse con ganas todo lo que te guste.*

Y todos se rieron sin entender demasiado el comentario que había hecho.

–**Dime Agustín** —dijo Gennaro—, **¿vivirás en el bosque, o te gustaría otro lugar?**

–*¡Claro! ¿No sabes que los sabios, maestros y guías viven solamente en los bosques? ¿Quieres saber por qué?*

–**Yo viviría en una playa** —dijo Gennaro haciendo señas de tirarse a tomar el sol.

–*No puedes* —dijo Agustín subiendo el tono de voz.

–**¿Por qué?** —reclamó Gennaro.

–*Porque en ninguna historia se vale. Si a ti te gustan las montañas y los bosques, es porque estás buscando sabiduría, pero si te gusta el mar, es porque necesitas sanar tus emociones.*

Y si no, dime en qué cuento dice: "Vete a buscar al sabio que está en la playa".

–**Ja, ja, está bien, de acuerdo. Viviré en el bosque. Después de todo me da igual. Pero cada uno puede hacer su propia aventura** —declaró Gennaro.

–*Claro que sí, pero en este juego debe haber un narrador, que nos dirá qué podemos y qué no podremos hacer. Y hablando del narrador* —comentó Agustín—, *¿quién va a ser? Alguien tiene que jugar ese papel, alguien tiene que dirigirnos* —dijo el dueño del juego muy seriamente.

–**Buscaré a Gerardo, él sabe hacerlo** —dijo Marcos.

–*Entonces dile que deje los videojuegos y venga* —señaló Agustín, un poco molesto por tanta demora.

–**Ya, ¡aquí estoy! ¿Me necesitaban?** —preguntó el aludido.

–¡Claro! Queremos que juegues de narrador con nosotros. Para jugar ese rol deberás contar con iniciativa y fuerza moral, deberás cuidar tu cuerpo y tu constitución física resistirá a las enfermedades. Además de inteligencia, sabiduría y mucho carisma.

–¿**Carisma?** —preguntó Esteban, el hermano menor que acompañaba a Gerardo.

Agustín tomó la palabra muy seriamente y dijo:

–Carisma es la atracción que genera cada persona cuando se encuentra con otra por primera vez. Alguien no es carismático cuando dice una cosa y piensa otra, no puede tener carisma quien no es sincero y congruente. Te daré un ejemplo: el Paladín en este juego es el personaje que tiene más carisma. Incluso es el líder del grupo, no te olvides que es el más dotado de dones.

–¿**Y quién será el Paladín?** —preguntó Marcos.

–**Pues nos falta un jugador** —agregó Gennaro.

–¡**Llama a Rebeca!** —dijo Mónica metiéndose cómodamente en la conversación—. **Ella sabe jugar.**

–No la dejaran venir. Tú sabes, somos todos varones —dijo Agustín.

–**Inténtalo, nada pierdes con probar, el "no" ya lo tienes. Casi todo en la vida es "no" hasta que lo conviertes en "sí"** —dijo su madre riéndose pícaramente, y uno de los niños fue a hablar por teléfono para invitar a la niña.

–Toma el dado —le dijo Agustín al niño sentado a su lado—. Quiero que dirijas el juego. El dado representará la única parte del azar en el juego. Tira bien el dado —continuó Agustín—, según como salga, podremos ir realizando los conjuros.

Al paso de los días, con el transcurso de varias sesiones del juego de rol, sus amigos se fueron reencontrando con un chico más abierto, no tan meditativo ni tan profundo, sólo un niño normal, casi como ellos.

Este cambio fue una gran alegría para su madre, que había estado preocupada por su anterior comportamiento.

Mientras tanto, en el Cielo...

–¿Escuchaste esa conversación? Parece que están jugando al juego de la vida —comentó un maestro a otro—. Ellos forman diferentes juegos con sus vidas, eligen, se corrigen, se llenan de magia y de ilusiones. No son ni malos ni buenos, ni blancos ni negros, es el mismo juego el que les marca las diferencias. A ellos no los condiciona la clase de personas que son, sino lo que creen que pueden ser.

Y en la casa de Agustín...

Agustín siempre asistía al juego, y entre ir a la escuela y jugar, parecía que su vida se había convertido en la de un niño casi normal. Pero él sabía que había algo que lo diferenciaba del resto de los niños. Su madre seguía en duelo por la muerte de su esposo, no quería olvidarlo y vivía apegada a su recuerdo. No había cambiado de lugar sus cosas, ni siquiera había querido deshacerse de su ropa.

Pero Agustín un día le dijo:

–*¡Basta ya del dolor! ¡Madre!, por favor, deja de llorar. Quita los recuerdos de mi papá de esta casa, a ti no te hace bien y a mí tampoco.*

–No quiero olvidarlo, hijo, quiero tener siempre estos recuerdos.

Agustín le reclamó la testarudez que ella tenía con todo, incluso también con él.

–Ya no quiero vivir en este pueblo, vamos a vender la casa.

–¡Pues yo no me quiero ir! —dijo su madre enojada.

Agustín estaba de pie en la cocina con una taza de leche en su mano, y tiró la leche en una jarra, con ganas de estrellarla contra la pared, pero se frenó. Sólo salió dando un portazo y caminó mucho, entre los arbustos de los cerros y los árboles de eucalipto. El sol le pegaba en la cara como buscando darle luz, pero él ni siquiera lo notó. Sólo podía sentir su rabia y su temor. Caminó hasta llegar a la puerta de la iglesia en la que había sido bautizado, y al verla abierta entró y fue acercándose hasta el altar.

En vísperas de Semana Santa, las iglesias se mantienen a media luz, con un silencio agradable que invita a reflexionar.

Agustín miró a Jesús y no quiso pedirle nada. Sólo lo miró como reclamándole que le devolviera algo, algo que creía recordar que había tenido, pero que no podía identificar...

Repitió ese pedido cada vez que podía, y también siguió con la misma idea de cambiarse de casa, y riñendo de vez en cuando con su madre.

Ella ahora empezaba a quejarse de que el niño se había vuelto rebelde, que no era el mismo niño dócil de antes.

Mientras tanto, en el Cielo, algunos de los maestros, incluidos el del Destino y el del Tiempo, se sentían satisfechos por el trabajo realizado con Agustín en su memoria espiritual. Los maestros no lo olvidaban, y de vez en cuando le echaban una miradita. El maestro del Tiempo le hizo un comentario al maestro del Destino:

–¡Parece que las madres nunca están conformes con sus hijos! Cuando piden desde la Tierra que hagamos algo para que su hijo cambie y nosotros lo ayudamos a crecer, ellas luego se quejan de que su hijo ya no es el mismo de antes. ¡Y cuando no cambian, se quejan porque no cambian! Debe ser difícil ser madre, ¿no te parece?

–Debe ser más difícil ser hijo. Imagínate, las madres siempre desean lo mejor para ellos, pero muchas veces cometen errores con lo que piden. Por otra parte, algunos hijos no pueden entender a las madres que eligieron. Ellos sólo creen que sus madres son sencillamente las que tenían que tocarles, y no se hacen responsables de la elección realizada en este Cielo.

El señor Destino agregó:

–Nosotros sabemos que en la vida todo se soluciona, que los problemas realmente no existen, sino que están sólo en la imaginación de las personas, pero ellas no están lo suficientemente "despiertas" en sus vidas, y no se percatan de esto.

V

Lo importante
es estar atento

Lo importante es estar atento,
para que cuando tengas que elegir
puedas hacerlo sin tensión.

En épocas de elegir un futuro, las confusiones se hacen presentes como regalos de navidad. Y cuenta un maestro que al llegar a su recinto su discípulo, todo mojado por la lluvia, le preguntó dónde había dejado su paraguas. A lo cual le respondió el discípulo que no sabía, y el maestro le volvió a decir:

–¿No recuerdas si lo dejaste del lado izquierdo o derecho de la puerta?

–No, maestro, no recuerdo.

–Ten cuidado, que en un detalle de descuido muchas veces se pierde un amor, una amistad y hasta una vida.

Y pasaron más de diez años...

Agustín nunca pudo convencer a su madre de que se mudaran de su casa natal. Entre juegos y estudio llegó la edad de entrar a la universidad. Se inscribió en antropología, lo primero que se le vino en mente, porque ¿cómo elegir correctamente su vocación a tan corta edad? Él se preguntaba si habría siquiera algo que le gustara.

Así que, después de dos años de estudiar antropología, decidió cambiarse a psicología, y siguieron pasando años aburridísimos sin saber qué elegir. Cambió nuevamente después de un tiempo, decidió elegir aviación, un curso de piloto sería quizá su mejor elección. Creyó que estar lejos de la Tierra y cerca del Cielo podría ser su vocación.

Ésa fue la única profesión que encontró congruente con su inclinación a estar cerca del Cielo.

En el terreno del amor todavía no había encontrado nada interesante, aunque mujeres nunca le faltaban. Agustín era realmente un muchacho muy guapo, parecía salido de esas revistas de marcas de perfume francés.

En una cena de amigos le presentaron una chica que él creyó que podía ser el amor de su vida, y después de dos años de noviazgo se casaron.

Ella era doctora y muy independiente. Una mujer dulce y a la vez de mucho carácter. Tuvieron dos hijos varones. Agustín se llevaba de maravilla con su familia política, su situación económica era desahogada y pudieron comprarse una casa en pleno centro de la ciudad.

La convivencia y el hogar eran casi perfectos, pero Agustín empezaba a sentirse aburrido y a disgusto con su vida.

En casa las cosas tampoco iban precisamente de lo mejor, sus prolongadas ausencias hacían que no se contara con él para las actividades y las decisiones de la vida diaria, y aunque el carácter independiente de su mujer hacía que la casa y la familia funcionaran perfectamente en sus ausencias, poco a poco se fue sintiendo más un extraño de visita que parte de la familia.

En cuanto a su vida de pareja, era notable que sus ausencias no ocasionaran ya al regresar las explosiones emotivas de los primeros tiempos, sino más bien una bienvenida fría.

Un día llegó de viaje y encontró sus cosas en la habitación de invitados. "Para mayor comodidad de los dos", dijo ella.

Agustín culpó a su trabajo del deterioro de su vida familiar, y decidió actuar.

"Ahora quiero estar en casa una buena temporada, para componer las cosas", se dijo.

Así que pidió disfrutar sin interrupción de todos los periodos de vacaciones que le debían de varios años, junto con un permiso de ausencia, para estar en casa un año completo.

Agustín comenzó a quedarse en su casa mientras su mujer salía a trabajar. Ahora trataba de recuperar en casa el papel que le correspondía, pero no acababa de sentirse ubicado en la situación, y empezó a desesperarse.

Su familia política empezó a verlo con otros ojos. Ya no era el marido ideal, ahora se había convertido en un hombre difícil.

Su relación con sus amigos se volvió cada vez más distante, y su esposa optó por ya casi no dirigirle la palabra, para evitar discusiones.

Un día, por fin, ella le pidió que hablaran, y le imploró que se separaran. Agustín, con todo el dolor de su corazón, tuvo que reconocer que era lo mejor que podían hacer. Sin resistencia y sin poner objeción alguna, aceptó.

Cuando llegó el momento de comunicárselo a sus hijos cayó realmente en cuenta de la magnitud del sentimiento de fracaso que estaba experimentando, y creyó que esto era lo peor que le podía suceder.

En ese momento pensó que era lo más difícil que tendría que hacer en esta vida.

Agustín tomó su ropa, sus libros, su equipo de música y sus discos. Y un domingo por la mañana regresó a la casa de su madre, enclavada en la montaña, esa casa en la que había crecido.

Se dio cuenta de que hacía varios años que no la visitaba. Recordó que las últimas ocasiones su madre había sido terriblemente insoportable, y ahora seguramente lo sería más, al estar él separado y volviendo a su espacio de soltero.

Pero Agustín tenía ya la madurez necesaria para comprender y apreciar su autonomía, por lo que no pensaba someterse a la voluntad ni a las imposiciones de su madre.

Sin embargo, al llegar a la casa con su madre se llevó una gran sorpresa: se encontró con una mujer amorosa y muy considerada en sus actitudes.

Al mediodía su madre le pidió que se sentara a almorzar con ella, le preparó su comida favorita y su postre favorito: un arroz con leche que sabía igual al que lo enloquecía cuando era niño. Sin todavía aceptar por completo el aparente cambio en la actitud de su madre, al terminar de comer él se preparó para la conversación que seguiría, pero quedó sorprendido cuando ella comenzó a hablar.

–En este momento difícil para ti, hijo mío, quisiera que supieras que puedes contar conmigo.

–*Gracias, mamá, te lo agradezco, y quiero decirte que me agrada mucho el cambio que has tenido en tu carácter. ¿A qué se debe?*

–Te contaré todo lo que estuve haciendo en este último año. Comencé a trabajar como voluntaria en un hospital para enfermos terminales...

Ella iba alzando el tono de voz, poniéndose eufórica a la vez que se le iba iluminando la cara de alegría, al contarle a su hijo sobre sus actividades humanitarias.

–*¿Cómo es que nunca me contaste nada?*

–Nunca me preguntaste nada.

–*Madre ¿qué hice todos estos años?, ¿qué pasó con mi vida?,*

¿cómo no me interesé por los demás? Realmente me siento un egoísta. ¿Tú crees que lo fui?

–Para los que no te conocen lo suficiente, puede ser que te etiqueten como un egoísta, un soberbio. Tú nunca saliste a pedir ayuda, no te has acercado de corazón a nadie de los que te queremos.

Hiciste siempre lo que quisiste, viajaste casi todo lo que pudiste y te evadiste en tu propio mundo, un mundo al que nadie pudo nunca entrar. Tú has sido un enigma para todos los que te queremos.

Tomaste la vida como si fuera sólo tuya, como si los demás no te interesáramos para nada. Te casaste sin verdadero amor, solamente porque lo viste apropiado al momento, y no me parece que hayas dado a tus hijos la importancia que tienen. ¡Ni siquiera estuviste presente en sus nacimientos!

Agustín seguía en silencio, avergonzado.

–Y fueron creciendo tus hijos, mientras tú creías que traer el dinero a casa ya era suficiente para ser padre. Pero cuando estabas ante un problema, tu reacción era simplemente ignorarlo e irte de viaje. Era lógico, los viajes eran tu trabajo.

Cuando eras niño, te gustaba hablar de ángeles de amor y de Dios, pero ahora estoy segura que debe hacer mucho tiempo que no rezas. Es más, de grande nunca te escuché hablar de Dios. ¿Crees en Él todavía, o has perdido tu fe?

–Madre, parece que para ti nunca hago nada bien.

–Sabes que los nada, los todo, los nunca y los siempre no existen. Contéstame: ¿crees en Dios?

–Claro que sí, aunque hace años que no le pido nada, al parecer hasta de Él me he olvidado.

–Y si te olvidaste de todos nosotros y hasta de Dios, ¿en qué estuviste pensando en estos últimos años?

–En buscar algo que me diera más satisfacciones que ese trabajo que no me hacía feliz.

–También dejaste que tu matrimonio se viniera abajo, ¿tampoco te interesaba?

–Madre, ¡no me di cuenta de nada!

–Parece que te das cuenta de los problemas sólo cuando éstos hacen crisis. ¡Se te caen las fichas del juego de tu vida, y no te das cuenta hasta que se te caen todas!

–Sí, creo que es eso lo que me pasa siempre. ¿Y ahora qué hago? Me siento todo el tiempo angustiado, no me entiendo, estoy repleto de tensiones, me acosan los miedos y las culpas, tomo pastillas para dormir, para la depresión, para el estómago... ¡Creo que siempre seré un desastre...!

–Siempre fuiste un exagerado —dijo su madre riéndose—. Hay algo más que me gustaría saber: antes de estar de novio con la madre de tus hijos, sé que te enamoraste de una mujer con la cual tuviste una relación intensa y profunda. ¿Eso ha terminado?

–Terminó hace años. Ella se fue a vivir a San Francisco y no la he vuelto a ver. Tuvimos una historia de amor corta pero muy intensa, tanto que no he podido olvidarla. Muy en el fondo de mi alma aún la busco, y en cada viaje que hacía tenía la ilusión de que la encontraría. Fue el amor de mi vida, sin quitar mérito al amor que sentí por la madre de mis hijos. Pero es un tipo de amor diferente. ¡El verdadero amor pasa una sola vez en la vida!

–¡En eso no estoy de acuerdo! Si en la vida puedes cambiar de escuelas varias veces, si encuentras amigos que aparecen y luego se pierden, y vuelves a encontrar otros a quienes amar, si haces varios viajes y te enamoras de diferentes paisajes, ¿cómo dices que en la vida puedes amar una sola vez?

–Nunca había mirado al amor de esa forma, yo nunca pude

olvidar a Natalia. Y no hay día que no me pregunte qué será de su vida. Daría cualquier cosa por saber algo de ella, verla, mirarla a los ojos y decirle todo lo que la he echado de menos en estos años. No sabes lo vacío que me siento, creo que ahí se me fue el tren del amor.

–Me parece saber qué fue lo que te sucedió. Tú eres muy sensible y demasiado inocente para esta vida. Siempre has sentido que no encajabas en este mundo. Y además puedo decirte, como tu madre que soy, que siempre te he visto un poco disperso. Lo que tienes con Natalia es una obsesión, y eso pasa cuando no se completa una relación hasta el final. Sea agradable o no el final, debes buscar la forma de terminar ese capítulo.

–No te entiendo, ¿cómo se completa?

–¡Hablando, hijo! Diciéndole lo que nunca te animaste a decirle, escuchando lo que ella siente, y reanudando o terminando con la relación, si ésa es la decisión de ambos una vez que hayas hecho todo lo posible por recuperarla. Pero antes, quisiera saber si piensas volver con tu esposa, porque debes completar este proceso de separación, que apenas se ha iniciado.

–No, no puedo volver. Ella no quiere que esté más en su vida. Estaba muy segura cuando me pidió que me marchara de la casa.

–Pero y tú, ¿la quieres?

Agustín dudó un momento, y luego respondió:

–Sí, la quiero, pero no la amo.

–Me parece que ahora estás confundido. Es normal, estás pasando por un periodo difícil, como toda persona cuando se separa. Esa etapa se llama "la etapa de Moisés".

–¿Y eso por qué? Realmente eres asombrosa, para cada momento tienes un cuento.

–Los cuentos te refrescan la memoria, y están para contarse, así que te lo contaré aunque no quieras.

Y los dos se rieron mientras que Agustín se sentó e hizo una seña de que ya estaba listo para escucharlo.

–Cuando Moisés convoca a su pueblo para ir a la Tierra prometida, mucha gente decide seguirlo. Pero en cuanto están ya fuera de Egipto, algunos empiezan a sentir temor de encontrarse con algún mundo más hostil que el que conocían. Entonces se empezaron a regresar, porque por más que no les gustara cómo vivían, estaban en un lugar conocido, y el conocimiento da seguridad. Los que tenían el valor suficiente, decidieron continuar el viaje con Moisés. Decidieron aguantar el miedo y llegar al final para descubrir un nuevo mundo. Tú debes ahora decidir si deseas regresar con tu esposa o continuar hacia lo desconocido.

–Prometo que lo pensaré, pero... Madre, dime una cosa: para ti ¿qué es el amor?

–Es dar todo lo que eres, sin que te preocupe perder. Es sentirte feliz simplemente por cuidar la felicidad del otro, es no medir, es no dudar, es dar. Es la generosidad permanente entre los dos, el amor es de tres: ella, tú y el amor.

–Me impresionas, hablas como una experta. Pero ¿qué puedes saber tú del amor, si has amado tan sólo a un hombre?

–Es que además de haber amado a tu padre también amo a cada ser que respira en este planeta.

–¿Cómo pudiste cambiar tanto? Antes eras muy apegada a los recuerdos de mi padre, fuiste apegada a esta casa. Tú que has amado una sola casa, un solo hombre y un solo hijo, ¿cómo puedes saber tanto del amor, si ni siquiera has viajado? No te alejaste de tu casa más que para ir a hacer compras en el pueblo, nunca saliste a trabajar, siempre tuviste las mismas amigas, siempre la misma comida, la misma hora de la novela...

Y el tono de voz de Agustín fue bajando poco a poco, él

mismo se estaba dando cuenta de que estaba yendo demasiado lejos, y sin querer estaba cuestionando muy severamente a su madre. Sin embargo, ella no parecía ofendida ni dolida, sólo siguió muy atenta, y con el mismo ánimo con el que había comenzado:

–Respeto tu punto de vista, a lo mejor estás en lo cierto y no sé demasiado de amores, pero basta con que ames bien a alguien o algo para saber que el amor existe siempre. Tienes razón, tardé mucho tiempo en darme cuenta de mis limitaciones, sé que siempre fui rutinaria, y demasiada burguesa para tu gusto. Sin embargo, a mi modo fui feliz. Ahora estoy vieja para buscar el amor de un hombre, y busco el amor en otra gente. Y por suerte siempre lo encuentro. Los años y los golpes de la vida te enseñan, ésa es la mejor escuela. El tiempo es el mejor maestro.

–*No, madre* —dijo Agustín mostrándole algunas canas que comenzaban a salirle—, *el tiempo sólo trae envejecimiento.*

–El tiempo no es realmente el maestro, es lo que haces con él lo que te da la sabiduría de las experiencias de la vida. Cuando empecé a hablarte, te dije que estaba trabajando en el hospitalito del pueblo, y que la gente a la que estaba acompañando eran enfermas terminales. Cuando me ofrecieron ser su compañía, esperaba encontrarme con personas en un estado lamentable, creía que iba a encontrar caras demacradas y tristeza en las miradas.

–*¿Y no fue eso lo que encontraste?*

–Me equivoqué. Abrí la puerta y parecía que había entrado a una fiesta, ellas estaban muy bonitas, sus labios pintados, sus manos cuidadas y sus sonrisas asomadas a flor de piel. En ese momento hasta sentí vergüenza por lo que me había imaginado anteriormente. Y, sin embargo, están muy enfermas, bajo tratamientos agotadores y con un pronóstico bastante negativo. Pero ¿sabes lo que tienen en común?

–*Me imagino, ¡serán las ganas de vivir!* —dijo Agustín apasionado por la profunda charla.

–Sí, todas tienen proyectos para cuando salgan del hospital, no quieren desperdiciar ni un minuto de sus vidas. Ayer María, una de las señoras de más edad, me comentó que una vez que la dieran de alta iría a buscar a su alma gemela. Agradecen cada día que Dios les regala, algo que todos deberíamos hacer aunque no tengamos una enfermedad así, porque nadie tiene el día de mañana asegurado. Ni lo tienes tú, ni yo, ni nadie.

Mañana mismo algunos de nosotros podemos no amanecer. Y aunque irnos de esta vida sea una liberación, de momento ésta es la única vida que conocemos y que hay que disfrutar.

Casi todas las personas que cuido están luchando contra su enfermedad y están asombrando con sus resultados a los médicos y a la misma medicina.

Entre todos estamos trabajando afirmaciones y visualizaciones. Yo aprendí reiki y les transmito energía. No sabes cómo aprendo y cómo me alegra cada día este trabajo.

–*¡Mira que has cambiado! ¿Ya no te acuerdas de cuando no querías saber nada de estas terapias, y decías que la gente que las hacía estaba medio loca? ¡Nunca digas nunca, mi querida madre!*

–Lo mismo te digo, nunca digas nunca. El amor siempre aparece, no se busca ni se encuentra, aparece siempre. Y te sorprende cuando menos lo esperas.

–*Pero tú dices que lo de Natalia no es amor, es obsesión. Y me hablaste de que no la podía olvidar porque no había completado el final con ella. Entonces no podré olvidarla nunca, porque no sé cómo encontrarla.*

–En ese caso tendrá que aparecer alguien que la supere en el amor. Ya sabes el dicho "a rey muerto, rey puesto".

–Pero si estoy en estado obsesivo, ¿como estaré abierto a que aparezca? No me he sentido feliz desde que la perdí, ni siquiera al casarme pude sentirme acompañado. Algunas veces creí olvidarla, pero no pude.

–No quisiste realmente, todo se puede si crees que se puede, tendrías que levantarte una mañana y decirle adiós a esa obsesión. Te contaré un cuento. ¿Conoces el cuento de la obsesión?

–No, cuéntamelo por favor.

–Claro, con mucho gusto te lo contaré mientras tomas tu café.

Resulta que un señor que había ganado mucho dinero construyendo casas, decidió construir una más, y para ello llamó a su arquitecto, un hombre muy reconocido por sus acertados trabajos.

El arquitecto iba todos los días a verlo para mostrarle un plano nuevo, pero el hombre parecía no prestarle atención.

El arquitecto no entendía bien qué era lo que este buen señor le estaba pidiendo que construyera.

Estuvo más de un mes yendo y viniendo con los planos, hasta que un día el arquitecto, muy molesto, le preguntó a su cliente:

–¿Pero qué es lo que usted quiere que haga?

–Quiero una casa, no me interesan sus planos ni su forma. Me da igual cuantas recámaras y baños tenga, sólo quiero... —el hombre hizo una pausa, sacó del bolsillo un utensilio, y le pidió al arquitecto que abriera su mano. Éste así lo hizo. El señor le dijo—: sólo le pido que mi casa tenga este picaporte.

Ésa era su obsesión: colocar ese picaporte en la entrada de una casa, no importaba cuál.

–*Entiendo. ¿Puedes hacerme la casa? Yo ya tengo el picaporte.*

–¡Eso es lo que yo digo!

Y los dos terminaron abrazándose y riendo muy dulcemente, ella le sirvió un poco de vino en su copa y le besó la frente.

–Traeré tu postre. Deja que te dé el primer bocado en la boca. Quiero mimar a tu niño interior.

–*Entonces déjame apoyar mi cabeza en tu pecho y dime que me amas.*

Ella lo colmó de mimos como si todavía fuera un niño, y finalmente le dijo:

–¡Bueno, basta!, ahora vete a dormir que ya es tarde.

Agustín entró a su habitación de soltero, todo estaba igual que cuando la había dejado por última vez.

Encontró sus libros del juego de rol y los abrió uno a uno mientras recordaba su adolescencia.

Los revisó página por página, había algo que nunca podría dejar de pensar. La primera vez que se interesó por el juego cuando estaba enfermo, nunca olvidaría el malestar que sintió con aquella fiebre altísima que tuvo.

Miró su juego de rol, y en cada dibujo de duendes, magos y hadas sintió la nostalgia de querer revivir con todos sus sentidos esos benditos momentos, y cuando llegó a ver algunos ángeles, los miró y recordó que ésos eran los que más le gustaban. Sin poder rememorar que él hablaba con ellos, imaginó que su ángel lo estaría mirando y con el libro encima de su pecho, apagó la luz.

Se quitó la almohada, no le resultaba cómoda la cama.

Y Agustín dio vueltas y vueltas en su cama, las horas parecían no pasar nunca. Y como cualquier persona que no puede dormir, él era uno más de los que miraba la hora y desesperaba porque el sueño no llegaba.

VI

Cambios microscópicos colocados en lugares estratégicos logran cambios macroscópicos

Un grano de arena en la playa no destaca, pero si ese grano se traslada al ojo entonces sí sientes su importancia.

Todas las personas creen que para cambiar deben romper con todos sus paradigmas. Sin embargo, sólo con cambiar uno, y hasta pequeño, el resto de los paradigmas empiezan a sentir que no están sobre una base segura y se empiezan a mover.

Y luego, como los dientes de leche, los paradigmas, una vez que se empiezan a mover se caen solos.

Mientras tanto, en el Cielo...

Los maestros de los planos superiores observaban a Agustín, muy sorprendidos.

Ellos ignoraban los cambios efectuados en su niñez por los maestros del Destino y del Tiempo, quienes habían guardado muy celosamente el secreto de haberle borrado la memoria de la ley del olvido.

El maestro de los Miedos y el ángel Cupido miraban con interés, y a ellos se les acercó Pancho, el ángel que había tenido Francesco en su vida anterior.

—¿Qué miran? —preguntó.

—Estamos muy intrigados, sabemos que el alma de Francesco está hoy en la Tierra en el cuerpo de Agustín, pero él no puede recordar absolutamente nada de lo que le hemos enseñado aquí, y nos preguntamos: ¿cómo puede ser que no recuerde tantas enseñanzas que recibió? Y además, ¡no pasó por la ley del olvido! ¿Qué será lo que está sucediendo con él?

El maestro de los Miedos dijo:

—Es la primera vez que mandamos a alguien con recuerdos absolutos de cuando estuvo aprendiendo lecciones en el paraíso, y él no parece recordar nada. No sabemos qué habrá estado aprendiendo en estos últimos tiempos.

—Quizá hay acciones importantes que no vimos, y por eso no entendemos. No te olvides que estuvimos muy ocupados asistiendo a otros espíritus.

—Se está portando muy raro, y eso que sólo pude flecharlo una vez —dijo el ángel del amor Cupido.

—Ah, ¡lo flechaste! Entonces encontró al amor de su vida. ¡Eso es bueno!

—No lo creas, no pude flecharla a ella. Cuando le tiré, mi flecha no le dio bien en el corazón y yo ya no tenía más flechas, así que la deje así.

—¡Qué horror! Te sigue fallando la puntería, por más que practicas. A veces pienso que lo haces a propósito. Ahora me doy cuenta de que las personas tienen razón cuando dicen que el amor es ciego. Tú pareces ciego. ¿No ves que las personas sufren si no son flechadas de a dos? A pesar de que los humanos te dibujan con vendas en los ojos tu visión es muy buena. Lo malo es que, por tus travesuras, parece que todos los supuestos enamorados van en fila, uno mirando al de adelante y éste al siguiente, y así la fila se hace interminable, no es fácil formar parejas felices. Si yo fuera humano le pediría auxilio a mi terapeuta.

—¡No me digas! —contestó Cupido, riéndose también.

–¡Es que en estos tiempos parece que te falla mucho la puntería! ¿Por qué no te bajas con dos flechas nuevas y haces el trabajo como se debe? Serás despedido del Cielo si se enteran cómo te diviertes. Dime, ¿cómo se llama la mujer de la que se enamoró Agustín?

–Se llama Natalia. Ella se había separado de su pareja, pero después de un tiempo decidió volver con ella por miedo a que la separación le trajera problemas con sus niños. Simplemente dejó a Agustín sin decirle nada y se marchó. Sin embargo, sin que yo la flechara, ella igualmente lo amó y lo amará para siempre, sabes bien que las historias que no se completan son heridas que nunca se cierran.

–¿Por qué no buscan al ángel de Agustín, y le preguntan si sabe algo de él? No creo que haya nadie que sepa más sobre Agustín que su ángel Aniel.

Y los maestros mandaron al ángel Pancho a buscar al ángel Aniel. Éste se encontraba jugando con otros ángeles. Pancho fue saltando entre nubes, y tuvo que atravesar varios planos del Cielo hasta que pudo encontrar al ángel travieso que le había tocado por suerte a la personita de Agustín.

–Hola, Aniel, ¿cómo estás? ¿Puedes venir? Los maestros quieren hablar contigo.

–Sí, ahora voy. Espérame a que termine este juego que acabo de empezar.

–Apúrate, por favor, es urgente. Te necesitamos ya. ¿Puedes terminar el juego más tarde?

–¡Bueno, está bien! ¿Qué puede ser tan urgente? Agustín está durmiendo, y tú sabes que mientras una persona duerme su alma se va a pasear y hoy anda por unos lugares increíblemente hermosos.

–No te estoy recriminando que no lo cuides bien, lo que

pasa es que necesitamos hablar contigo. Ven por favor a las nubes rosas que miran al sol. Te queremos preguntar algunas cosas.

–Bien, allá voy.

Con un poco de mala gana, se frotó las alas, se colocó su corona y fue volando hasta el lugar señalado.

–Aquí estoy, ¿en qué les puedo servir? —preguntó Aniel.

–Es que estamos preocupados por nuestro amado Agustín. Dinos Aniel, ¿qué le está pasando?, ¿él puede hablarte? ¿Él te ve? ¿Puede escucharte? ¿Cómo va tu relación con él?

–Yo lo cuido desde que nació. Él hablaba mucho conmigo cuando era niño, luego ya no. Más o menos, desde la época en que su padre vino hacia aquí, ya no habla conmigo. ¡Ni siquiera en su mente existo! Aunque las personas no nos hablen ni nos pidan nunca nada, nosotros estamos atentos a sus vidas. Pero si él no me lo pide yo no puedo hacer nada. No estamos autorizados a hacer nada por nuestra propia cuenta.

–¿Entonces hasta tú has perdido contacto con él?

–Sí —dijo Aniel, acomodándose la hilera de luces doradas que llevaba colgada de las alas.

Los maestros quedaron anonadados con esta noticia, no tener contacto con su ángel es de lo peor que le puede suceder a un ser humano.

–¡Entonces es que nos ha fallado todo lo que hemos hecho por él...! Pero, esperen, su alma tiene mucha luz, eso indica que es una persona muy sabia. Recuerden que su alma ya es vieja, es un alma que ha vivido muchas vidas. Ésta es una de las últimas. Por eso en esta vida tendría que aprender mucho más que en las anteriores.

–¿Cómo pudo pasarnos algo así? Quizá hubo alguna falla cuando lo pasamos por la ley del olvido —dijo un maestro que acababa de entrar en el grupo.

Yohana García

Este mismo maestro había sido el encargado de llevar a Francesco al círculo de luces del olvido.

–Aquí en el Cielo nunca debe fallar nada —dijo el ángel Gabriel—. Sabes que aquí las fallas no pueden existir, si él parece haber olvidado es porque su mente no debe querer mostrarle lo que sabe, acuérdense que la mente siempre nos juega en contra.

–¡Si lo sabré yo! —dijo el maestro del Miedo—. Por más que les digo que los miedos no son buenos, su mente no me hace caso, con ella es el verdadero problema.

–Querrás decir el problema de ellos.

–Lo que es problema de ellos, también es problema de nosotros. Su temor los hace inventar ofensas y generar odios. Arman guerras, matan por matar, hacen que sus hermanos vivan en la miseria y no creen en nuestra providencia, todo porque sus mentes hacen lo que quieren con ellos.

–Sin embargo, no te olvides de quién creó a las personas. Él sabe lo que hace, creó el universo y este paraíso perfecto. Por algo les dio esa mente, será para que la investiguen y la conozcan. Si tienen miedos es para que los exploren y aprendan a dominarlos. Tendrán que trabajar en conocer su mente para entenderse a sí mismos.

–Pero Agustín no tenía marcado recorrer la vida de este modo —comentó otro maestro.

–Parece que le dio amnesia de todo lo bueno que había aprendido —comentó el ángel Aniel.

–Lo peor es que se ha olvidado de ser feliz. ¡Y para colmo, a Cupido le falla el tiro con su pareja!

–Siempre pasa lo mismo, estoy cansado de decirle que no juegue con eso —agregó Aniel.

Y en la Tierra...

Al otro día, Agustín se levantó, fue al baño y al abrir la puerta se miró en el viejo espejo que siempre le había mostrado su rostro desde que él tenía memoria.

Y por primera vez se estaba viendo de verdad; la imagen que el espejo le devolvía era la de un hombre espléndido, libre, con un brillo en los ojos que nunca se había dado cuenta que tenía. Era como si al mirarse, a través de sus ojos pudiera entrar en su pasado, un pasado a veces un poco triste, pero también con algunas experiencias agradables que le encantaría revivir.

Luego escuchó la voz de su madre, quien lo llamaba para ofrecerle el desayuno. Ella se acercó a él mientras Agustín se dirigía a su habitación.

–Agustín, quiero pedirte un favor: ¿me puedes acompañar al hospital? Si hoy no tienes nada que hacer, a mí me gustaría que conocieras a mis amigas. ¿Recuerdas esas personas de las que te hablé, las que estaban enfermas?

A Agustín no le atrajo mucho la idea, y repuso:

–*¿Y para qué quieres que conozca a esa gente? Además sabes que odio los hospitales.*

–No me parece bien que estés sin hacer nada, ¿o vas a volver a las manías de tu niñez? ¿Te pondrás a jugar solo, o llamarás a tus amigos con los que jugabas rol?

–*¿Por qué tienes que ser tan irónica?* —dijo Agustín, herido.

–Para ver si con eso entiendes, ya que no quieres hacer caso de otro modo. Antes, cuando eras niño, la ironía me servía para hacerte reaccionar pero ahora siento miedo de no poder sacarte adelante.

–*Fíjate que hoy me miré en el espejo, y parezco un hombre*

nuevo. Me estoy dando cuenta de que todo este tiempo no había sido feliz.

–A veces no nos damos cuenta, o no queremos darnos cuenta, de que vivimos aceptando muy fácilmente lo que creemos que está bien, y vivimos en una hermosa indiferencia, jugando al "como si" pero luego la realidad muestra que no era tal.

–*¿Qué dices, madre? ¿De qué hablas?*

–Tú jugaste a vivir a casarte "como si" tuvieras una pareja que amas o que te ama. "Como si" Dios tuviera toda la obligación de arreglarte las cosas, y tú sólo tuvieras que mirar al Cielo y esperar alguna señal, para que desde arriba te avisaran cuándo actuar. Hijo querido: creo que has vivido esperando que todo milagrosamente se te dé como lo deseas.

–*Yo ya no creo en los milagros.*

–Yo sí, creo porque los vivo todos los días en el hospital, pero no vivo en una nube, sé que los milagros suceden, pero es uno quien, con ayuda de Dios, los produce.

–*Me sorprende y me alegra que ahora tú creas, después de todo el trabajo que hiciste conmigo para que no creyera. Me regañaste tanto cuando creía en los ángeles y en esas cosas, como me decías tú, cuando era niño y podía ver y creer en ese mundo mágico.*

A su madre se le cayó la taza de té al piso. Agustín se dio cuenta de que la había golpeado muy duramente, y decidió dejar los reproches. Pero en el fondo de su corazón él estaba totalmente convencido de que había perdido la fe por culpa de su madre.

Un maestro del Cielo que lo venía observando hizo un comentario:

–¿Por qué será tan fácil culpar a nuestros padres de nuestros errores?

Los maestros desconocían que en el Cielo otros maestros habían decidido quitarle la memoria que traía de otras vidas. Aunque en ningún momento tocaron su Fe, parecía ya no tenerla. Pero sin fe nadie podría subsistir.

Este maestro desconocía que a Agustín le habían borrado la memoria con la ley del olvido.

La Fe es la creencia de que se puede alcanzar la fuerza de la vida, y esa fuerza nadie la pierde del todo.

La madre de Agustín siguió hablándole a su hijo:

–Muchas veces las personas pierden su fe por alguna circunstancia indeseable, pero eso es totalmente normal. Sin embargo, todas las personas que en algún momento pierden su fe luego la recuperan. Hay tres cosas que no se deben perder: el hábito de respirar, la certeza en la fe y la esperanza. La esperanza es lo último que se pierde.

Agustín respondió:

–*La fe en Dios es valiosa, y también habría que tener fe en las personas. Muchas veces el que espera tiene fe, por eso espera. El que espera, lo hace porque sabe que algo bueno puede pasar mañana.*

Su madre escuchaba atentamente, y hablando de la fe, dijo:

–Cuando me voy a dormir siempre pienso en qué voy a hacer mañana, como si estuviera segura de que voy a seguir con vida. Cuando nos despedimos te saludo sabiendo que voy a volver a verte, no pienso en que puedo perderte. No pienso en la posibilidad de la muerte, porque creo que eso les sucede a los demás, a esa gente que no conozco. Se mueren los extraños, los míos deben esperar un poco más. Quiero que esperen hasta que les diga, cuando yo tenga ganas y tiempo, que los quiero, que me gusta verlos.

–*Madre, ¿de dónde obtuviste tanta sabiduría?, ¿has tenido algún consejero que te enseñara todo esto?*

–No, hijo, lamentablemente no tuve ningún maestro de carne y hueso. Es la vida la que me enseñó, de la manera más dolorosa. El año pasado se murió mi mejor amiga, y poco antes de morir ella me llamó, y como no contesté dejó un mensaje en mi contestadora.

Me dije que la llamaría la semana siguiente, cuando tuviera tiempo para hablar con ella más tranquilamente, pero ella murió al día siguiente de haberme dejado su recado.

Siempre la recuerdo con cariño y con un poco de culpa, con eso aprendí a no dejar a nadie para mañana, ni siquiera a mí misma.

–*Mientras te escucho, me pregunto cómo pude perder tanto el contacto contigo, cómo desconocía que mi madre se había convertido en una mujer abierta y cálida.*

–Creo que en estos últimos años has vivido demasiado encerrado en tu propio mundo.

–*Desconozco en dónde estuve.*

–Lo importante es que sepas dónde estás ahora.

–*Eso es lo peor, me siento como un barco a la deriva, no sé dónde estoy, ni adónde debo llegar. Me siento confundido en un mar de emociones y como un barco sin brújula. ¿Te acuerdas de los libros que me regaló papá? Anoche los miré y sentí que se había perdido la magia de mi vida. Ya no hablo con ángeles ni creo en milagros, creo que últimamente he vivido a ciegas, como dormido.*

–Eso no es malo, si tratas de corregir el error acudiendo a hacer memoria. Eso es muy bueno. Sabes que la sabiduría es hacer memoria de errores y aciertos.

De repente, Mónica miró su reloj y exclamó:

–¡Se me hizo tarde para ir al hospital! Y ahora el error es seguir hablando aquí contigo. ¿Me acompañas? Quiero que conozcas a las personas que estoy asistiendo.

–Voy por mi abrigo y las llaves del auto, estaré contigo toda la tarde.

Y Agustín manejó lentamente el camino que conducía hacia el centro del pueblo.

Dejó su ventanilla abierta para que entrara el aire. Respiraba profundo disfrutando el aroma de los eucaliptos que adornaban las puertas de las casas.

La primavera apenas iniciaba, y el sol le pegaba en la cara. Hacía mucho tiempo que no tomaba conciencia del placer de mirar el Cielo azul y observar su pueblo.

–¡Mira, madre, la plaza tiene juegos nuevos!

–Serán nuevos para ti, los niños hace más de un año que los están usando.

–¿Hace más de un año que no he pasado por este lugar? ¿Hace más de un año que no venía a visitarte? ¡Qué horror! ¡Suerte que no te perdí! Lo mejor es que aunque ahora yo me sienta perdido, ya me estoy encontrando, y al encontrarme te veo, te siento y abro mi corazón para volver a sentirme ese niño que sabe que has sido y serás una parte importante de mi vida.

Agustín no dejaba de hablar, parecía que había estado callado por años.

Su madre lo escuchaba atentamente y se preguntaba qué había hecho con él cuando era niño, qué errores había cometido en su educación que lo habían llevado a esa vida de inconsciencia de la que hasta ahora parecía estar despertando.

En el fondo de su corazón se hacía la fuerte con él, pero estaba desesperada, no sabía qué hacer para ayudarlo a recuperar tanto tiempo perdido. En un momento fingió sentir una alergia, para cubrir su cara con un pañuelo y soltar algunas lágrimas que le había producido ese sentimiento hacia su hijo.

Agustín no pareció darse cuenta, estacionó en dos movimientos el auto y al bajar, se empezó a arrepentir de haber acompañado a su madre. Fue con ella hasta el segundo piso, recorriendo los fríos y despintados pasillos.

Miró de reojo a las personas que se encontraban sentadas en las bancas al lado de las habitaciones, esperando quién sabe qué diagnósticos.

Ni siquiera se atrevió a mirar dentro de las habitaciones, que se encontraban casi todas con las puertas entreabiertas.

El olor a hospital le había quedado como un mal recuerdo del lugar donde su padre había pasado sus últimos días. Ahora se veía obligado a respirarlo para cumplir el deseo de su madre.

Ella entró con orgullo a la sala en la que se reunía el grupo de pacientes con el que trabajaba. Él la siguió, y ella lo presentó ante su gente tan querida.

Los recibieron con alegría y mantuvieron una charla ágil, llena de interrogatorios. Agustín sintió vergüenza cuando contó que se estaba divorciando, pero una de las señoras se rio y le dijo:

–¡No te aflijas, ésos no son verdaderos problemas, son circunstancias de la vida! ¡Parece que los jóvenes quieren una vida sin sorpresas, cualquier incertidumbre los asusta! No hay nadie en este mundo que no tenga problemas. ¿Sabes el cuento del grano de mostaza? Te lo contaré.

–*A ver, te escucho.*

–Había una vez un hombre que se quejaba porque decía que él tenía mala suerte, a diferencia de las demás personas.

Se quejaba de tener demasiados problemas, y entonces fue a consultar a un sabio. Le pidió que le diera una solución para ya no tener problemas. El sabio, que era muy sabio, le dijo que fuera al pueblo y preguntara casa por casa si había alguien que no tuviera problemas, y que además tuviera un grano de mostaza para darle. Le dijo que el grano de mostaza de la persona sin problemas resolvería los de él.

El hombre se fue muy entusiasmado, en busca de la persona sin problemas que tuviera un grano de mostaza que darle. Golpeó una puerta y otra preguntando, pero en todas las casas lo que hacían era contarle los problemas que tenían.

Así acabó por comprender que su situación no era en nada diferente de la del resto de las personas, y hasta empezó a interesarse por ayudar a resolver los problemas que escuchaba de los demás. Eso fue lo que efectivamente le ayudó a poner sus propios problemas en perspectiva, y a darse cuenta de que eran mucho menores de lo que pensaba.

El sabio ni siquiera lo esperó, porque sabía que nunca encontraría una persona sin problemas.

Agustín se rio como nunca con las anécdotas y cuentos de todo el grupo. Cuando su madre le dijo que ya era hora de regresar, él pareció no tener prisa. Tuvo que decirle tres veces la misma frase:

–Hijo, ¿no crees que ya es hora de irnos a casa?

Una de las personas que estaba en el grupo de autoayuda le dijo a Agustín que iba a rezar por él, lo cual Agustín agradeció tomándole la mano, y mirándola a los ojos le besó la frente.

Cuando se estaban alejando, ella todavía le dijo:

–Agustín no te olvides que la vida es un manojo de antojos, algunos sin verdadero valor y otros por los que vale la pena pelear.

Y él siguió sonriendo y muy emocionado partió, llevando a su madre a la casa.

Y los días pasaban...

Algunas veces acompañaba al hospital a su madre, pero él solamente llegaba hasta la puerta. Después de todo era el espacio de ella.

Tampoco su madre se lo pedía, ése era un lugar demasiado íntimo para que él se lo invadiera.

Su madre había acabado por admitir que ése no era su espacio.

Pero entonces, ¿cuál era su espacio?

VII
Los maestros del Cielo

*Los maestros del Cielo no van a alfombrar el mundo para
que no tropieces, para que no te caigas, sólo te pedirán que
mires bien por dónde caminas y si puedes calzarte algo en los
pies para que tu andar sea lo más cómodo posible.*
  Entonces todo transitar será más suave y ligero.

El maestro de la Niñez lo observaba de vez en cuando mientras el escenario del universo lo rodeaba.

Este buen maestro se acunaba entre mullidas nubes llenas de gotitas de agua.

Él amaba el alma de Agustín, esa alma vieja, pura y sabia.

Sabía que su querido amigo no estaba pasando por un buen momento, era el mayor entendedor sobre cosas del tiempo, pero ahora dudaba hasta de sus capacidades.

Teniendo la certeza de que Agustín no había pasado por la ley de olvido no podía entender algunas de sus actitudes.

Fue a buscar el libro de la vida del muchacho y grande fue su sorpresa al ver que hasta ahora había escrito en él muy pocos sucesos.

Él tenía un libro incompleto, un amor inconcluso, un matrimonio roto, un trabajo que le gustaba y que había abandonado sin una causa muy clara.

Al tomar el libro entre sus manos etéreas el maestro no podía creer lo que veía. Hojeó el libro de atrás para adelante y de adelante hacia atrás, las hojas que contaban el futuro de Agustín estaban todas en blanco, esto mostraba que no habría una causa negativa en las próximas vidas, los humanos a esto lo llamaban karma, y los maestros: entendimiento.

Pero el maestro tampoco pudo encontrar el capítulo que hablaba de su misión, eso que las personas en la Tierra llaman dharma.

El maestro se preguntaba: ¿dónde estaría toda la sabiduría de este buen hombre?

Y ahora se pregunta:

–Agustín, ¿cuál es su espacio? —dijo el maestro al cerrar el libro.

Mientras la curiosidad lo asaltaba por saber más de su querido Agustín, decidió mirar el libro de otras almas, las cuales habían disfrutado de una hermosa estadía en el Cielo.

Claro que tuvo que pedir permiso a la Junta Kármica (grupo de maestros que cuidan las bibliotecas del Cielo) para hacerlo. El maestro volvió flotando entre nubes y nubes bajando por otros planos hasta que encontró el jardín preferido por los ángeles.

Ese jardín sagrado repleto de rosas donde crece la rosa preferida de María, uno de los seres más luminosos del séptimo Cielo.

Esa rosa, llamada Jarime, despedía el aroma más dulce del mundo, una mezcla entre frescura y picante.

El maestro puso su corona en el verde del césped y apoyó su alma en el mismo lugar. Abrió cada libro y lo estudió con la atención de un científico.

Quedó asombrado al ver que las demás personas iban escribiendo el libro de su vida casi del mismo modo que lo hacía Agustín.

Mientras miraba uno de sus libros escuchó un silbido, era el maestro del Viento que estaba haciendo una travesura. Entonces miró hacia abajo y levantó de una nube algunas hojas que se habían desprendido del mismo.

El libro tenía el nombre de la persona que actualmente estaba viviendo en la Tierra, en las hojas que estaban sueltas se relataba que la dueña del libro era una mujer de cuarenta años la cual ya no estaba enamorada de su esposo y, sin embargo, había vuelto con él tres veces. Miró otro libro y en el capítulo de los pequeños problemas tenía escrito esto: "Un hombre decía que quería hacer una dieta y tomaba el batido de proteínas dietéticas, pero a escondidas comía el postre que había dejado en el refrigerador su hijo", el maestro no paraba de reírse, sus mejillas rosadas tornaban de color el libro.

Hasta que en la última hoja se relataba algo que había escrito un señor: él decía que el futuro no le preocupaba porque somos todos pasajeros en la vida y, sin embargo, él se había comprado la mejor parcela en un cementerio muy coqueto.

–¡Incongruentes! —dijo el maestro después de leer sus libros—. Ellos pierden el tiempo, usan sus horas en preocupaciones, caras amargas, miedos, etcétera. Ellos crecen en sustantivos y no en verbos.

Ellos inventan cosas que los comunican pero a la vez los complican, pueden comunicarse horas enteras con desconocidos por medio de máquinas pero no son capaces de ir a visitar un amigo, tienen todo en exposición y casi nada en el inventario.

Comidas rápidas y digestiones lentas, casas grandes y hogares rotos. ¡El mundo moderno...! —suspiró—. El mundo del consumismo, de la frialdad y de la queja, el temor a lo que vendrá. Pobres, sufren a cuenta, colocan las vendas antes de la herida.

Qué será de ellos cuando se den cuenta de que su vida, desde aquí, es tan sólo unos segundos en los que ellos se sienten eternos.

Los únicos logros disfrutados apenas por minutos, son los únicos momentos alentadores para las personas.

El maestro del Tiempo recordó un cuento que les relataba a las personas que dejaban todo a la mitad.

Entonces llamó a un espíritu recién entrado al Cielo, y le dijo:

–¿Me dejas que te cuente un cuento?

–Claro —le dijo el espíritu—, escucharte será un honor para mí.

–Entonces ven, siéntate en la nube blanca, te hamacaré mientras escuchas el relato "El cuento del carpintero".

Había una vez un carpintero que estaba a punto de jubilarse. El hombre había trabajado toda su vida con el mismo arquitecto, quien le indicaba qué trabajo hacer. Había llegado su último día de trabajo, y el carpintero estaba inmensamente feliz, por fin dejaría su rutinario trabajo y se dedicaría a descansar.

Cuando llegó el momento de hablar con su jefe, éste le pidió un último favor.

–¿Podrías construir la última casa? Luego te daré tu retiro.

–¿Es muy grande el trabajo? —preguntó el carpintero.

–Puedes construir la casa como quieras, la dejo a tu gusto, puedes hacerla pequeña o también grande, puedes construirla con el confort y las comodidades que desees, en esta labor no te pondré ni tiempo ni te daré un plano, tú ya sabes de construcción y yo te tengo la confianza suficiente para no tener que supervisar tu trabajo.

El carpintero, con muy pocas ganas, aceptó.

Sería su última casa y luego la libertad de no tener más que levantarse temprano, no llegar cansado los viernes, tampoco esperar las vacaciones, porque estaría siempre de vacaciones, sería dueño de su tiempo.

Construyó la casa muy pequeña, martilló los clavos de mala gana, colocó las ventanas con muy mal gusto y cuando creyó conveniente llamó al arquitecto; con un poco de temor a que la viera demasiado fea lo esperó en la puerta mostrándose apurado.

Pero el hombre lo sorprendió, le pidió las llaves de la puerta. Cuando el carpintero se las entregó el hombre se las volvió a dar, y tomándole la mano, mirándolo a los ojos, le dijo:

–Éstas son las llaves de tu casa, sé que nunca pudiste hacer la tuya, éste es mi regalo. Lamento que no la hayas hecho como te la merecías, tu casa debería ser más bonita.

–Así que hablando solo —dijo una vieja alma que representaba a un anciano.

–¡No, solo no! ¿No ves al espíritu nuevo que me compaña?

Él llevaba en la mano algo así como un bastón, toda su energía tenía forma de un cuerpo y además caminaba como por encima de las nubes... pero al verlo flotar por las nubes de lejos, este maestro rengueaba, lo cual era rarísimo, en el Cielo todo es perfecto.

Nadie llega enfermo, ni con mutilaciones, ni locuras. Sin embargo, el maestro del Tiempo lo miró asombrado, pero antes de emitir sonido alguno, el otro maestro le leyó el pensamiento, y en esos segundos, segundos casi imperceptibles, como todos los tiempos del Cielo, le dijo a su nuevo amigo:

–¿Cómo estás? Sé lo que estás pensando, soy el maestro de las Exigencias.

–¡De las Exigencias! —dijo asombrado el maestro—. ¿Y

tú que exiges? Nada puedes hacer aquí, ¡en este Cielo no se exige nada!

–Claro que no... por eso sólo me dedico a trabajar desde aquí observando a los exigentes del planeta Tierra. Y al mirar cómo lo hacen, anoto en sus libros cada exigencia, cada perfección que quieren alcanzar o que le piden los demás.

Imagina, me la paso escribiendo, creo que soy el maestro que más escribo, voy y vengo de plano a plano buscando lapiceras de plumas de ángeles, tú sabes que ellos las pierden en la tercera dimensión.

Yo las recojo unos segundos antes de que lleguen al piso y luego vuelvo hasta el sexto plano.

Al poco tiempo que empiezo a anotar las exigencias, se me acaba enseguida la tinta y aunque no soy demasiado exigente en escribir de modo perfecto cada palabra igualmente termino agotado yendo y viniendo, muchas veces se me acaba la pluma y la tinta, pero por suerte los libros de cada persona tienen muchísimas paginas, y tú sabes que nunca se acaban.

–Pero entonces, ¿para qué escribes tanto? ¿No será que tienes tú también la actitud de la perfección?

–No, claro que no, pero me quieres decir de dónde inventaron eso de la perfección. Fíjate que hasta yo tengo un defecto en mi ala izquierda, y soy perfecto en energía divina. Pero ellos son perfectos aunque con una mente peligrosa que se les dispara como un chimpancé que salta de rama en rama y un cuerpo contaminado de toxinas terrestres. No sé cuánto tiempo va a aguantar la humanidad esa vida.

–Maestro, ¡el mundo es perfecto por naturaleza!

–Te diré que en mi libro... —y el maestro se interrumpió con la emoción que lo invadía en ese momento.

–¿Qué libro? —preguntó el maestro del Tiempo.

–Los maestros también tenemos libros sagrados. Estoy escribiendo un capítulo sobre mi trabajo, y en este momento justamente venía a buscarlo cuando me encontré contigo.

Hay algo que quiero revisar, creo que los humanos no están escribiendo su libro como deben, no lo están haciendo ni tranquilos ni pausados como corresponde, paso por paso. Estoy seguro de que se exigen sobremanera.

No es conveniente ser tan exigentes. Tendrán que practicar la tolerancia. Eso quiere decir que tienen que amarse como sea. No se trata de consentir sus fallas ni tampoco de odiarlas. Al entenderlas y verlas cara a cara irán perdiendo fuerza, en cuanto más las nombren y las odien, más las alimentarán.

El deseo de perfección es innato, porque significa el deseo de regresar a la verdadera esencia.

Y estar en la verdadera esencia se extraña siempre mientras estés con una vida física, es como querer volver al perfecto vientre de la madre.

Si actúan negativamente perderán la ruta y el objetivo que deseen seguir.

La sombra no es más que la ausencia de la luz, lo que se entiende por algo defectuoso, fallado, equivocado.

Desde el Cielo estos juicios no los logramos entender. Para nosotros no hay malos ni buenos.

Puede haber equivocaciones. Dios se encarga sólo de dar oportunidades y más oportunidades hasta que las personas las puedan entender o captar. Y si no las toman, Dios les estaría dando las mismas oportunidades para que crezcan una y otra vez.

Las personas también sienten culpas por ser culpables. Se culpan por tener defectos, por no poder cambiarlos aunque a veces pongan todas sus ganas para hacerlo. La culpabilidad es el resultado del deseo de querer ser perfectos y de no aceptar que equivocarse es parte de la perfección.

Los errores nacen en la conciencia y la culpabilidad es la parte oscura que habrá que aceptar con humildad.

La vida debiera tener aciertos algunas veces y errores otras, pero errores sin culpas. Las culpas sólo traen castigos y los castigos, resentimientos.

El maestro también recordó los miedos que entristecían a las almas que él había acompañado durante la estadía en el paraíso.

Recordó cuando un alma le confesó que nunca había vivido en el presente porque el futuro era lo que más le importaba.

–Sin embargo, el futuro no existe, el futuro es la suma de lo que haces cada día de ese presente que vives en cada día de ese presente —siguió hablando el maestro.

–Y ahora Agustín se pregunta cuál es su espacio, y qué está haciendo él de su vida. Seguramente esa pregunta se la deben estar haciendo muchas personas allí abajo.

Me gustaría bajar y decirles que no busquen desesperadamente, sino que se entreguen en el presente a realizar todo lo bueno que tienen en mente —dijo el maestro mientras leía los libros de las personas que vivían en la Tierra—. Accionar es la clave. Es mejor equivocarse que no hacer nada.

Aquí no llegan con nada de lo material, ni con el amor de su vida, sólo se traen sensaciones, luces y vibraciones.

VIII

Cada persona elige cómo escribir el libro de su vida

Cada persona elige cómo escribir el libro de su vida, hasta cuando eliges no escribir nada estás escribiendo, porque cada espacio, cada hoja en blanco, es un agujero negro en el alma.

Nada es bueno que quede sin concluir, sin final.

Todo está para que lo completes, si no en algún momento de tu vida querrás hacerlo y ya esa hoja se habrá puesto amarilla y vieja.

–¡Hey!, maestro —gritó otra alma sabia—. ¿Qué haces con esos libros viejos?

–Leo las páginas de los libros de algunos seres humanos.

–¿Sabes que no tenemos permitido hacerlo?

–Yo pedí permiso y lo obtuve sin ningún tipo de objeción.

–¿Por qué los estás mirando? ¿Hay algo especial que quieras saber? Nunca te he visto tomarte ese trabajo antes, debe haber algo que te inquieta.

–Hace un tiempo llegó aquí un alma con la cual nos encariñamos muchísimo. Ya sabes que amamos a todas las personas pero a ésta se la eligió para que no pasara por la ley del olvido y, sin embargo, ahora está peor que un alma nueva.

–Déjame recordar... Ah, ya sé, era el hombre que había vivido con demasiados miedos en su vida y que al mandarlo a tener otra vida él eligió trabajar el desamor.

–Sí, es de esa persona de quien me estoy ocupando. Y tú, ¿cómo sabes de quién se trata?

–Porque yo lo acompañé a pasar por los rayos de luces antes de nacer.

–Entonces, ¿tú estás seguro de que no hubo falla en el sistema del paraíso?

–Sabes que todo aquí es perfecto.

–Sabes, estoy dudando de las perfecciones, los humanos son una partecita de Dios y son perfectos, pero hacen todo lo contrario de esa perfección.

–Cómo puedes decir semejante cosa, cómo dudas de la perfección de Dios, es que Él los hizo libres y al ser libres de elegir a veces se equivocan.

–Libres, ¿de qué?

–¡Maestro, qué te sucede! Ya sé, me dirás que la vida de las personas es insegura, que crean enfermedades y guerras, pero eso es parte de su libertad.

–Sí, pero si fueran perfectos eso no les pasaría.

–Quieres que tengan la perfección que tenemos aquí, la belleza absoluta y el aburrimiento absoluto.

–Ahora eres tú el que está hablando mal de tu hermosa virtud.

Cómo puedes hablar así del paraíso, tú que manejas el tiempo allí abajo, que tienes el poder de acomodar los planetas en el nacimiento de cada persona.

–Dime, maestro, ¿tú crees que hago bien mi trabajo?

–Claro que sí, ¿tienes dudas?

–Quizá la vida deba ser así.

–No estoy de acuerdo, tú tendrías que entender que ellos deben aprender. Ésa es la verdadera misión, hagan lo que hagan todo es aprendizaje y aquí son todos bienvenidos y amados.

–¿Pero tú crees que realmente aprenden?

–Sí, capitalizan sus experiencias, claro que aprenderán verdaderamente a vivir.

Si no, observa los países en los que no tienen problemas, ellos tienen la mayor mortalidad por suicidios.

–Qué tal si me haces un favor.

–¿Qué deseas?

–¿Puedes pedir el registro de la vida de Rosario?

–¿Quién es Rosario?

–¿Recuerdas que en la estadía de Francesco hubo otra almita luminosa que lo había acompañado en su primer viaje astral, cuando él quiso ir a visitar a su familia en un sueño?

Rosario le enseñó el camino, ellos tuvieron una vibración muy fuerte, ella lo esperó para nacer juntos, luego de esperarlo y esperarlo, ella decidió nacer. Lo hizo unos minutos antes que él, aunque los minutos de aquí, no es el mismo tiempo que allí abajo.

–¿Y para que quieres saber de su vida? —preguntó el maestro.

–Para lo mismo que tú quieres saber de Agustín.

–Te lo buscaré más tarde, ahora déjame solo.

–Bien, dame el libro de Rosario cuando puedas, yo le tomé mucho afecto y quisiera saber cómo va su vida, hace tiempo que no recibimos ningún pedido de ella.

–Pero puedes seguir su energía, sabes distinguirla de las otras, y así averiguar tú mismo.

–No puedo hacerlo, porque su vibración no está llegando, al no pedir nada aquí su frecuencia no llega. Sabes que ellos son como una antena y nosotros los receptores.

–¿Por qué no le preguntas a Dios?

–Porque no lo quiero molestar.

–Si sabes que a él nada lo molesta.

–Es que quiero hacerlo por mí mismo.

–Entonces te pediré un favor. Pide el libro que deseas y luego me comentas.

–Me parece una buena idea, ¿crees que me lo darán? Tengo poco tiempo aquí como para pedirlo.

–Tú eres el maestro del Tiempo, sabes que aquí no somos libres, además... —el maestro hizo un silencio—. Además, tú tienes más poderes que yo.

–Eso crees, mira, parece que mis poderes se están yendo, así como el viento se lleva hasta las rocas de las montañas, si tuviera poder para hacerle entender a las personas que lo que hacen con su tiempo es más importante de lo que piensan y, sin embargo, lo pierden y ni siquiera disfrutan lo suficiente, cuando les sobra ese tiempo lo malgastan.

–Eso también será parte de sus aprendizajes, no tengas tanta negatividad hacia las personas.

Ellas son perfectas, ellas son como Dios.

Tú eres el maestro del Tiempo, el que les enseña a las almas a transitar por el Cielo, pero aquí es como hacerlo en lo teórico, lo práctico lo viven ellos en la Tierra.

Y yo creo que vivir allí abajo debe ser una experiencia maravillosa, tienen tanto por hacer, tanta incertidumbre, que la vida resulta ser una caja de sorpresas. No es como aquí, que todo es tan tranquilo, que la paz vibra en todo lugar y momento.

Ahora observa, descorre esa nube rosada y mira cómo viven los seres humanos, entre todas las vidas de otros planetas, ¡ésta es la más interesante!

El maestro que escuchaba la conversación se quedó pensando por un momento.

–¿En qué te quedaste pensando? —le preguntó el maestro del Tiempo, mientras sostenía la nube con su mano.

–Me gusta lo que dices y yo siento que es así, ellos tienen una vida rica en experiencias, en afectos y conocimientos, pero cuando estas almas llegan temerosas, algunas fascinadas por haber traspasado el umbral de esta dimensión, ellas se quejan de lo que pasaron en sus vidas. Y no ven la vida como un mar de emociones e incertidumbres que los fascinan; al contrario, le temen y eso es tan normal para ellos.

Quizá algún día aprendan y a ese día no le falte mucho tiempo por llegar.

Y el maestro metió la mano en su túnica y le convidó al espíritu amigo un manojo de cacahuates confitados.

–Buscaré el libro de Rosario mañana. Ahora iré a hamacarme en las nubes doradas, ¡son tan cálidas y bonitas, no me las quiero perder!

–No te las pierdas, que dentro de una mínima fracción de tiempo, ellas se irán a transformarse en arco iris. Sabes, hace mucho que el viento no lo forma en el Cielo. A los niños les encanta verlo.

–Hace mucho que no sale a mostrarse, ese símbolo de paz divino que Dios le dejó a Noé.

–¿De qué símbolo hablas?

–¿Acaso no sabes? ¿No recuerdas que cuando fue el diluvio universal nuestro amado Dios le pidió a Noé que se llevara una especie de cada animal, y que para mostrarle que a partir de ese momento iba a reinar la paz entre el Cielo y la Tierra, le mandaría un arco iris?

–Ignoraba esa historia. Pero sí, recuerdo a Noé.

–Tendrías que estudiar más de las religiones de los maestros. ¡Ja, ja, ja!

IX

Tú eres perfecto

Si las piezas de una máquina quisieran funcionar simultá-
neamente en dos sentidos distintos, se perdería la sincroni-
zación y la máquina terminaría rompiéndose.

Tú también eres una máquina, sin duda la más perfecta,
pero también se puede romper. Ése es el precio que el cuerpo
paga por la incongruencia mental.

Mientras tanto, en la Tierra, en el continente europeo...

Agustín, entre noches de insomnio y tardes monótonas, pensó una y mil veces qué hacer con su vida.

Y después de pensar y darse opciones decidió volver a su antiguo trabajo.

Se levantó a la mañana temprano y llegó a la oficina, habló con su jefe y, café por medio, le pidió regresar a pilotear los aviones, un trabajo que siempre había realizado con mucho amor.

Cuando fue a pedir trabajo la compañía aérea enseguida le dijo que sí.

Él se fue feliz como un niño con juguete nuevo. Pero la felicidad se esfumó apenas tuvo el primer pensamiento.

Tenía conciencia de que estaba haciendo su última alternativa, de que no sabía si realmente él estaba en la vida para ese trabajo; se preguntaba si ésa era su misión.

Agustín sabía en el fondo del corazón que poder viajar era su mayor anhelo, uno de los escapes que le encontraba a su vida.

A esta altura de su vida él había visto muchos países, conocía de costumbres y modismos. Las capitales de todos los países le parecían todas interesantes y algunas muy parecidas.

Parecidas en violencia, ritmos acelerados, embotellamientos de tránsito.

"Los viajes también nos hacen crecer", pensó Agustín.

Y después de realizar los trámites de rutina... realizó su primer viaje después de su ausencia en el trabajo.

Agustín es un hombre bien parecido, es simpático, adorable. Fue recibido con mucho entusiasmo por sus compañeros de trabajo.

Llegó el momento de partir, y cuando despegó su avión, empezó a sentir la sensación del poder de los cielos.

Imaginaba ir hamacándose en nubes y la hora se le pasó sin darse cuenta.

Otra vez sentir la adrenalina del aire y la fe en que iba a llegar a horario con su vuelo.

Pidió que avisaran el momento del aterrizaje, miró la hora y por supuesto el avión llegó a tiempo.

Habían hecho dos escalas en Sudáfrica, estaban llegando a Malasia, un país que le parecía muy extraño, una mezcla de modernidad con el tiempo detenido hacía muchísimos años atrás.

Debía quedarse dos días en ese lugar para luego regresar.

Muchas veces no sentía atracción por recorrer lo que ya sabía que conocía.

Durante su primer día en Malasia llamó a su casa, compró unas artesanías para su madre y trató de comer algo típico del lugar. Nada le gustaba, así que comió un poco de pan y lo acompañó con un té.

Cuando se fue al hotel sintió una gran angustia y se dio cuenta de que tenía ganas de recorrer la India. Tenía la dirección de un templo hindú, la buscó en su agenda electrónica, hizo una llamada y preguntó si se podía hospedar unos días.

Pero luego de esperar en el teléfono a que le dieran una respuesta, reflexionó sobre la responsabilidad de su trabajo, era la normalidad y desistió de la idea de renunciar nuevamente.

En esos días él era uno más entre sus compañeros. No era mucho lo que contó de su vida a sus conocidos.

Para sus compañeros, Agustín era un poco introvertido, tímido, inseguro.

Jamás contó una aventura amorosa, no hablaba demasiado de su familia, se limitaba a observar y sólo si se lo pedían, daba algún consejo.

En el viaje de regreso, cuando todavía estaba dando vueltas con sus maletas en el aeropuerto, recién llegado de su primera escala, vio a una mujer que lo impactó.

Ella estaba sentada esperando tomar su vuelo, todavía era temprano y los demás pasajeros estaban entretenidos en sus compras de último momento.

La muchacha tenía el pelo largo y castaño.

Era delgada, alta, estaba sentada y se la veía sola. Tenía la mirada fija en unos de los televisores que anunciaban los vuelos.

Parecía triste, tenía algo especial.

Se sintió sorprendido, porque no tenía la costumbre de prestarle tanta atención a los demás.

Las personas que viven en su mundo interno, con la vida llena de recuerdos, no saben mirar hacia fuera y a veces les puede suceder que hasta el amor se les pierde de vista.

"¿Cómo se hace para acercarse a una mujer tan bella, sin que ella lo tome a mal?", se preguntaba Agustín.

Miró el mismo televisor que ella estaba mirando y viéndola todavía atenta, se le acercó muy tímidamente y la interrumpió diciéndole que, si quería saber algo, él con gusto se lo podría informar.

Ella lo miró a los ojos y los dos sintieron una vibración especial.

La mirada de ella tenía chispitas de luz.

Ella vio la misma luz en la mirada de él.

A los dos se les aceleró el pulso.

Agustín sacó de su bolsillo unas pastillas de menta, casualmente eran las preferidas de ella.

–*¿De dónde vienes?* —le preguntó él.

–De la India —le contestó ella y agregó—: Vengo del sur de Nilayan.

–*¿Has ido de vacaciones?*

–Algo parecido.

Ella metió la mano en su abrigo de color azul y le mostró la imagen de un hombre.

–*¿Quién es?* —preguntó Agustín.

–Es un maestro espiritual, algo así como fue Jesús, algunos lo consideran Dios, otros un avatar, la verdad es que estar con él es una experiencia maravillosa.

No sabes lo que se siente estar en ese lugar donde más de cinco mil personas de diferentes partes del mundo le cantan al Dios en que cada uno cree, ése es el lugar donde se respira amor.

Un lugar totalmente ecuménico, donde te dicen que si vas a rezarle a tu Dios, al momento tienes que haberte convertido en una mejor persona. Porque si no mejoras no vale de nada practicar la oración.

Porque las religiones no son teóricas, el amor cuenta por sobre todas las cosas. Sea cual sea tu creencia.

Realmente fue mejor que estar de vacaciones, aunque puede hacer mucho calor y también puede que te moleste el no tener confort durante esos días, pero en esas circunstancias también te das cuentas de que el calor y el color lo forman las personas.

Todo lugar donde no haya amor, por más riquezas y lujos que tenga, es pobre.

Agustín escuchó con mucha atención y curiosidad, así que le pidió que siguiera con el relato:

–*Cuéntame más* —dijo entusiasmado.

–Podría estar horas contándote, te podría decir que una vez que estás ahí te cambia la vida.

Puedo decirte que te darás cuenta realmente de quién eres cuando estás tan lejos de todos tus apegos, cuando ni la cultura se parece a la tuya, cuando ni los dioses compartes.

Te das cuenta de que los días son únicos e irrepetibles y que las personas también son irrepetibles.

–*¿Has ido sola?*

–Una amiga me acompaña, ella me dio el empuje para que pudiera ir, sola no me hubiera animado. Sin embargo, a pesar de no tener a los míos, en estos dos meses que me he marchado no me he sentido sola, a veces la soledad te invade estando en compañía.

–*Sabes, la soledad no siempre es mala, lo malo es sentirse solo* —dijo Agustín.

–En este viaje aprendí que la vida es lo más maravilloso que tienes, pero que si no tienes amor la vida no tiene el mismo color.

El amor es tan fuerte que te salva de todas las formas que puedas imaginar.

Te voy a confesar algo, en este viaje me impulsó el amor de la espiritualidad, el amor del universo en el que creo firmemente, el amor a los milagros y a lo mágico.

También me impulsó a viajar el amor de un hombre que hace unos años no veo y que lo único que sabía era que él iba a estar en el mismo lugar que yo en la misma fecha.

Quizá ésa fue la ilusión más loca que tuve, pero entre tantas cosas que me motivaron para ir, él fue otro ingrediente más.

Y lo busqué entre toda la gente, recorrí los sitios que él solía recorrer en ese lugar.

Cuando era de noche, en la ciudad nos reuníamos para cantarle a Dios, y entre la oscuridad los aromas a sahumerios y el perfume de las flores yo imaginaba encontrarlo. La luna de la India es increíblemente blanca y redonda. Él me había dicho una vez: "Imagínate los dos juntos mirando la luna".

–*Y seguramente cuando mirabas la luna pensabas en él.*

–Sí, ahora me río de mi absurda idea, pero en esos momentos igualmente lo disfruté.

–*Mi madre te diría que sufres una especie de obsesión, que debes olvidarte de todo amor pasado, que escoba nueva barre mejor* —y, guiñándole un ojo, Agustín estiró su mano y se presentó.

Cuando Camila iba a contestar, llegó su amiga y a Agustín uno de sus compañeros le hizo una seña de que se debía marchar. Él se despidió y fue camino al avión, liviano, alegre como hacía años no se sentía.

Ella le comentó a su amiga que había tenido una charla muy amena con el piloto de su vuelo, y que sin querer le había contado su historia.

Camila le dijo a su querida amiga que se sentía desconocida.

–Creo que cuando llegue no dejaré de hablar y de contar lo maravilloso que fue este viaje para mí —agregó Camila, mientras se cerraba su abrigo pensando en el frío de los aviones.

Mientras tanto ella, junto a su amiga, esperaba el llamado para abordar.

Los altavoces se encendieron y avisaron la partida del avión que las llevaría rumbo a su país.

Camila se quedó emocionada por el encuentro con el atractivo muchacho.

Xóchitl, su amiga, le pidió que mirara la zona de embarque y Camila, que no dejaba de pensar en el encuentro, se empezaba a reír sola.

Su amiga le preguntó de qué se reía.

–¿Qué piensas?

–Déjame que acomode mis pensamientos, y en cuanto encontremos nuestros asientos te contaré lo que me está pasando.

–¡Ah, no, cuéntame ahora! ¡Quiero saber ya! Te brillan los ojitos, ¿es la emoción del piloto que acabas de conocer? Permíteme darte un consejo, ya es hora de que abandones esta experiencia; ya es hora de que encuentres una pareja, en tu casa nadie tocará a tu puerta, no es bueno que dejes pasar el tiempo estando en soledad, ya basta de desconfiar de todos los que se te acercan, no todos los hombres son deshonestos, tú puedes encontrar el amor de tu vida en cualquier momento, no dejes pasar las oportunidades.

¿Recuerdas que cuando sentiste ganas de viajar ni lo dudaste? ¡Vienes de concretar un sueño!, ¿o no?

Sabes, los sueños se realizan en cadenas, quizá es momento de sacar el pie del freno y lanzarte a la aventura de realizar tu propia leyenda personal, es hora de salir de tu papel de víctima y emprender situaciones atractivamente novedosas.

¿Recuerdas en el Templo, cómo a las personas más mayores les costaba movilizarse y aun así llegaron a ese lugar habiendo viajado días enteros?

Permanecían horas sentados meditando o esperando ver a su gurú; a esa gente no le fue fácil estar ahí, sin embargo, confiaron en sus sueños, así que todos estamos en el mismo barco de la vida, sería bueno que de vez en cuando tomes el timón, y te hagas cargo de elegir a qué puerto quieres llegar.

Mientras el avión despegaba y las azafatas hacían las señales de rutina, Xóchitl comentó que tenía sueño y que quería dormir lo más que pudiera.

Camila quería hacer lo mismo, sin embargo, Cami, como le dicen los que la quieren, no encontraba una posición cómoda en su asiento y como todos los vuelos en los que no queda otra que entretenerse con la pantalla del asiento de adelante, escuchar música o leer la misma revista de compras, la otra opción es pensar y pensar, proyectar o recordar.

La mente nunca está en el presente, eso es un aprendizaje duro y lleva tiempo capitalizarlo como experiencia.

Los pensamientos viajan en penas o nostalgias del pasado o en ilusiones y miedos del futuro.

Y el futuro, sin ideas claras, sin ilusiones concretas, a veces imaginarlo da mucho temor, por eso es más fácil hacer un autoanálisis del pasado.

Al principio, Camila recordó su último día de trabajo en su consultorio, dejar todo en orden como si no fuera a regresar.

El momento de la despedida de sus hijas, el abrazo de las manos chiquitas de sus amores más grandes, su viaje al Ashram. Como quien hace un recorrido por su historia, comenzó a recordar sus últimos años de matrimonio, su molestia continua, cuyo origen no podía descubrir.

Recordó mentiras que la confundían a tal punto de culparse de no haberse dado cuenta. Hasta se molestaba de no haber lanzado su matrimonio por la borda mucho tiempo antes.

Ahora se estaba preguntando por qué había dado tanto amor, cuidados y entrega a los suyos, sin que los otros siquiera agradecieran o pidieran ayuda.

Quizá inconscientemente casi todo lo que había soportado tenía como fin que la quisieran un poquito más.

Recordó las veces que se dividía entre esposa, madre, hija, profesional, sin tener tiempo para dedicarse a ella misma.

Las veces que el tiempo no le alcanzaba para ir a donde quisiera, como visitar amigas o ir a la peluquería, o tomar un café tranquila con alguna que otra amiga. Las veces que tuvo que mentir para ir a un curso de espiritualidad, porque eso era de gente loca.

Cómo no sentirse culpable cuando cada tanto decidía hacer algo por ella.

Cómo hacer para que los cambios que venían surgiendo en ella no le trajeran consecuencias negativas a los que decían quererla. Quizá porque ellos querían a la mujer de antes, la que se callaba, la que no se miraba al espejo más que para peinarse y colocarse de vez en cuando algo de rubor, para no verse pálida.

Sin duda algo estaba cambiando en ella, un día se descubrió en el espejo y se vio con más de veinte años de los que tenía realmente, ese mismo día miró su cuerpo y se dio cuenta de que no lo disfrutaba, que no se quería lo suficiente, otros tantos kilos de más la alejaban de su adorable figura, de sus primeros años de casada.

Tanto cambio junto, se preguntaba, cómo hacer para construir sin destruir, cómo dedicarse a bajar de peso, a usar cremas, aprender a vestirse diferente sin contar los cambios que venían fluyendo por dentro, la pregunta que se venía haciendo es si valía la pena tanto esfuerzo.

Agustín se marchó, con aires de felicidad por la bonita charla con Camila.

Fue caminando por el pasillo del avión con sus pequeñas maletas, con su entusiasmo de saber que hay personas que se saben conectar de un modo maravilloso con el amor.

Saludó a sus compañeros, y ya sentado con la vista en la cabina pensó en esa interesante mujer que acababa de conocer.

Y después de hacer un pequeño recorrido mental por su pasado, se fue dando cuenta de lo solo que se sentía.

Quizá el amor no era para él.

Hacía mucho tiempo que no se enamoraba y que nadie lo movilizaba, pero esa mujer no era común, claro que él tampoco se sentía parte de los demás.

Miró la hora, sacó cuentas, pensó en que sus niños estarían regresando de la escuela, pensó en el hogar perdido, en su matrimonio roto, y otra vez le volvió la imagen del monasterio de la India, de cuya existencia le habían contado muchos años atrás.

Y pasaron nuevamente las horas, otra vez las escalas y el regreso a su casa materna.

Agustín no tenía una vida rutinaria, sin embargo, tanto era su malestar que los días se le pasaban lentamente.

Su madre siempre estaba de buen humor y llena de amor. Lo mimaba como cuando era niño.

Los pequeños hijos de Agustín se alegraban cuando él los visitaba, últimamente los llevaba los fines de semana y les concedía todos sus caprichos.

Hacía mucho más por ellos que cuando los tenía todo el tiempo en su casa.

En el Cielo...

Ningún maestro deja olvidada a ningún alma de las que están en la Tierra.

Por la noche, en medio de las estrellas, ellos encienden una fogata por cada alma que vive en el mundo y piden que la luz del espíritu llegue como energía divina de cada espíritu.

Ellos saben qué les pasa a todas las personas, y no miden si ellas se equivocan o aciertan, sólo mandan amor, armonía y belleza.

Y a quien no le llega esa fuerza simplemente es porque no se abre para recibir el fuego del espíritu.

En el paraíso, la fuerza que ejerce la luna es muy fuerte, y cuando se transforma en luna llena los maestros la miran y bendicen a los enamorados, a los apasionados, a los que abren su corazón a los demás.

Los maestros aman la fuerza del amor, y con la luz de la luna mandan gotitas de maná dulce y rocían las almas solitarias.

Ellos suelen masajear el corazón de las personas que, como Agustín, se sienten solas, porque creen que el amor no les corresponde.

Los ángeles también hacen su trabajo, en esos días los arcángeles, duendes elementales y demás guías, bailan a la luz de la luna y le cantan al creador.

Nada más bonito que el Cielo de la noche y el sol en el amanecer.

Nada más brillante que una noche de amor tanto en el Cielo como en la Tierra, a esta fiesta son invitadas todas las almas que regresan de su viaje por la vida.

Y como Francesco en su etapa por el Cielo pedía por su familia, las personas que fallecieron y gozan de estar en planos superiores le mandan luz a sus seres que lo acompañaron en su vida.

Hay tanto amor en el Cielo que no cabe.

Hay tanta protección divina para los que están en la Tierra, que los humanos tendrían que brindar por la vida y por la muerte en cada minuto y a cada instante.

X

La vida es una línea recta

La vida es una línea recta donde el dolor y el placer son los extremos de la misma línea.

Basta con encontrar el equilibrio, no quedarse siempre en una misma orilla. Anclarnos en el equilibrio es todo un trabajo.

Mantener el ancla de la fe como referencia interna y felicidad externa.

El ancla, para los egipcios, fue el símbolo de la esperanza, la vida es alinearse con la aceptación y la responsabilidad de ser mejor cada día.

Y Francesco, ahora Agustín, está desilusionado de la vida, es uno de los que siente que la vida le debe algo. Es uno de los que no encuentran su suerte porque siente que los demás sí la tienen.

Los demás tienen trabajo, encuentran el amor, son prósperos. Pero los demás no existen.

A veces la vida tiene muchos laberintos para recorrer. En los recorridos se construye un día a día, pero mientras se construye no se toma conciencia de algún milagro realizado por nosotros para el beneficio de ellos.

La vida no es un jardín de rosas solamente, también tiene espinas y piedras que se interponen en los caminos. Agustín es una persona tan frágil y vulnerable que parece no tener remedio.

Los vulnerables construyen muros y no se exponen, los arriesgados construyen puentes y los atraviesan.

Él había pedido en el Cielo, antes de nacer, que el señor del Destino le diera un buen juego en la vida, pidió comodines, tener atajos y comodines; el señor Destino se los concedió.

Él no sufre enfermedades importantes, tiene todas sus necesidades cubiertas. Le dieron todos los comodines para que los miedos no lo limitaran, pidió jugar con atajos y el señor Destino se los concedió.

Sin embargo, esto no fue positivo para él. Demasiada comodidad lo hizo terriblemente despreocupado de todo.

La vida tiene que satisfacerlo ¡ya! y nada viene solo, hay que salir al ruedo en la vida, hay que jugarse el todo por el todo en todo momento.

Cada persona forma parte de una orquesta, cada cual toca su propia sinfonía. Se necesita constancia para no desafinar.

Cada uno compone su propia música. En el transcurso de la vida parte de los músicos se marchan y nos dejan un silencio absoluto, a veces te pueden dejar escuchando el silencio, pero pobre de ti si porque alguien dejó de tocar en tu orquesta tú dejaste de escuchar tu propia canción.

Y este gran comentario de un maestro, que hablaba solo mientras limpiaba los cristales de la puerta de su casa, fue interrumpido por otro maestro celestial.

–**Necesitamos hacer un cambio** —dijo Yanino, el maestro querido por Francesco.

–**Hagamos algo. Tengo una buena idea, mandaré a hacer los últimos arreglos para que Agustín vuelva a tener el amor en la piel.**

Le haré ver que lo bueno no siempre se acaba. Le daré su merecido.

–Tu luz brilla, maestro, se te debe haber ocurrido algo interesante. Tu energía es pícara, tu brillo despide destellos índigos, no hay duda de que debes tener un propósito brillante.

–Claro que es brillante. Déjame que le dé su merecido, ya lo hice con algunos otros y créeme que han crecido como nunca. Sólo te pido tiempo para que veas lo que le haremos.

Agustín venía en su auto por la ruta. Le gustaba manejar, iba disfrutando de su CD preferido de Bob Marley cuando escuchó un ruido que venía del auto. Se dio cuenta de que algo no estaba bien y fue disminuyendo la velocidad hasta que se dispuso a prender las luces intermitentes y bajar de su auto.

Se agarró la cabeza al ver que estaba a punto de que se le saliera una rueda al auto.

No pudo creer cómo se había salvado por casualidad. Bueno, las casualidades no existen, se dijo hablando solo y buscando la tarjeta de su seguro para pedir auxilio.

Un señor muy alto y delgado vestido con ropas amplias y oscuras que parecía un maniquí, lo estaba observando.

"¿Qué hace un hindú aquí?", se dijo al ver que tenía un adorno rojo rubí en el entrecejo.

El hombre detuvo su paso, se le acercó muy amablemente y le ofreció su ayuda. Pero qué tipo de ayuda le podría dar ese hombre. Agustín consideraba que sería inútil, se necesitarían herramientas para ajustar la rueda.

Misteriosamente su celular se había quedado sin señal.

Buscó entonces un teléfono pero no se veía ninguno a simple vista.

De todos los autos que pasaban algunos lo miraban pero nadie se detenía para brindarle ayuda.

De repente pasó un señor con un carro tirado por un caballo que llevaba un canasto repleto de botellas.

El hombre dijo un par de palabras en un dialecto desconocido por ambos, y, sin embargo, pareció entender lo que Agustín le contó con referencia al auto.

El hombre, que tenía problemas al hablar, le dijo entre palabras cortadas que volvería cuanto antes con ayuda.

El hombre hindú se presentó estirando la mano.

—Mi nombre es Yanum, ¿en qué puedo servirle? —le dijo a Agustín.

—*El mío es Agustín, gracias por preocuparse. No sé en qué podría ayudarme. Creo que no me queda más que esperar que este buen hombre que se acaba de ir vuelva a darme una mano.*

—Bien, entonces le haré compañía —dijo el hindú.

—*No se preocupe, me las arreglaré solo.*

—Usted sabe que solo no podrá, ¿o acaso me equivoco?

—*No, no se equivoca, tiene usted razón, pero no quiero hacerle perder tiempo. Le agradezco de cualquier modo, infinitas gracias por preocuparse.*

—No hace falta que me lo agradezca. Yo todo lo ofrezco con gusto. ¿Si no estamos para ayudar para qué estamos? ¿No le parece?

—*Es que, disculpe, esto me ha puesto nervioso. ¿Nunca le pasó algo como esto?*

—Nunca tuve auto.

—*Bueno, quiero decir, si nunca tuvo contratiempos.*

—La vida es un contratiempo y dentro de ese contratiempo yo evalúo las diferentes formas que tengo para resolver cada situación que se me presenta.

Cada situación difícil de resolver la veo como un problema maravilloso para solucionar.

¿Qué es un contratiempo? ¿Tener deudas? ¿Llegar tarde a un lugar, que se te complique el día, se rompa algo o te enfermes? Entonces todo es un contratiempo, porque ante nuestros ojos nada es perfecto. Y aunque lo fuera, nunca lo veríamos de ese modo.

–*Pero el contratiempo es el contratiempo* —dijo Agustín.

–Ah, claro. ¡Vamos, amigo, por qué no disfruta de este momento!

–*¿Ah sí? ¿Y cómo se hace?*

–Siéntese en el auto, prenda la radio y escuche la música que le gusta.

Realice algunas respiraciones profundas, imagine que está en un lugar muy bonito, disfrutando de tener todo lo que hasta ahora no pudo tener. Puede imaginarse su auto andando por la ruta sin problemas.

Recuerde que siempre se está en el lugar correcto. Usted llegará a donde quiere ir si realmente tiene que estar ahí. Si no, recuerde cuando usted no esté llegando a tiempo a alguna de sus citas y dígase esta frase: los tiempos de Dios son perfectos. Dígalo muchas veces, repítalo, verá cómo el tiempo se acomoda a sus necesidades. El tiempo que usted conoce no existe.

–*Me encantaría poder creerle y hacer lo que usted me dice, pero creo que no es mi estilo. Yo no puedo ser irresponsable.*

–Ahora ser responsable es hacerse problemas. Mire usted las cosas que me está enseñando. Yo siempre creí que la palabra "responsabilidad" significaba responder con habilidad.

Y Agustín se quedó callado. Hablaba con un perfecto desconocido que le daba sermones. Éste no sería el sermón de la montaña, sería el de la carretera.

Pero ese señor extravagante se dio cuenta de que estaba molestando y entonces se retiró caminando lentamente. No dijo una sola palabra más, ni siquiera se despidió de Agustín.

Los autos seguían pasando como si Agustín fuera un

holograma. Nadie se detenía ni siquiera para saber si regalaba su auto en las condiciones en que estaba.

Y pensando en esos problemas maravillosos, Agustín no dudó en cerrar su auto, sacar los documentos y seguir camino a pie.

Otra vez le estaría reclamando por su plan divino al Dios que él tanto amaba, pero tan abandonado lo tenía.

–*Vamos, no te enojes, paciencia* —se dijo Agustín—. *Si podías luchar contra los dragones cuando eras pequeño, cómo no vas a poder caminar quién sabe cuántos kilómetros.*

Las carreteras son interminables cuando no se sabe adónde está la salida. Lo mismo que en la vida, siempre vamos por una ruta sin tener idea de qué se podrá encontrar más adelante.

¡Vamos, Agustín, alguien tiene que ayudarte!

Se atrevió a pedir que lo llevaran, pero quienes pasaban cerca de él parecían no verlo.

Ya había caminado treinta y cinco kilómetros. Sólo una señora mayor detuvo su auto y se percató de que el hombre necesitaba ayuda.

Le prestó su celular para que llamara a un mecánico y Agustín le agradeció por el apoyo.

La mujer mayor se tomó la molestia de regresarse tantos kilómetros para que Agustín se encontrara con su auto.

Agustín tenía una costumbre muy extraña. Siempre le ponía nombre a sus autos, éste se llamaba Jonathan.

Le comentó a la señora que su auto se llamaba así y ella le contó que el de ella también tenía nombre, se llama Querubín, dijo, en honor a que su auto se portaba como un ángel.

Los dos se miraron riéndose y diciendo: "¡Qué locos somos! ¿No crees?".

–Locos lindos —dijo la señora riéndose—, porque nos distraemos con las cosas sin importancia y le damos vida a lo que no lo tiene.

Ella puso un CD de música clásica, sacó de su guantera dulces y una pequeña botella de naranjada y le invitó.

–Vamos, anímate muchacho —dijo la mujer—, ¿cómo puedes amargarte por semejante tontería?

–¿*Le parece una tontería? A mí me parece una pesadilla* —agregó Agustín.

–Porque no miras lo positivo de la historia. Aprendiste que si tienes celular no puedes tenerlo sin batería, que el auto se revisa una vez por mes y que hacía mucho que no hacías una buena caminata. No te parece que tienes bastante para agradecer y por lo que me cuentas también recuerdo que un señor ofreció su ayuda y nunca apareció. Eso también es aprendizaje. Nunca dependas de nada ni de nadie, además, la única manera de adelantarte a los problemas es ser previsor. ¡Llegamos!

–*Sí, le agradezco infinitamente. Qué bueno, pronto vendrá el mecánico.*

Y se despidió de la agradable y servicial mujer. Agustín esperó a que el mecánico viniera y le arreglara el auto y nuevamente se puso en marcha.

Cuando había recorrido un poco más de dos horas de viaje, se dispuso a detenerse en una estación de gasolina.

Entró al bar, se sirvió un café y grande fue su sorpresa al ver al señor con quien se había encontrado en la ruta, el hindú flaco y alto llamado Yanum.

Agustín se alegró al ver una cara conocida y le hizo señal para llamar su atención, pero Yanum parecía muy entretenido con la señorita que preparaba los hot-dogs.

"*¿Qué está haciendo?*", se preguntó Agustín.

Mientras lo observaba, Yanum tenía un papel en la mano y se lo mostraba a la mujer, pero ella negaba con la cabeza y él insistía una y otra vez en que viera lo que estaba escrito en ese papel arrugado. Cuando pareció terminar con la charla, Agustín no aguantó con su curiosidad y lo llamó.

–*Yanum, hola. ¿Cómo está usted?*

–¡Qué sorpresa encontrarlo! Veo que ya está en camino, parece que solucionó su problema. ¡Cuánto me alegro!

–*Gracias, Yanum, ¿cómo está? Lo noto preocupado.*

–Gracias por preocuparse por mí, pero aprendí a no preocuparme sino a ocuparme de mis problemas maravillosos.

Es que vine desde la India a quedarme un tiempo en este país y las únicas personas que conozco son unos primos.

Éstos son sus nombres y sus números de teléfono, pero cuando llamo la telefonista dice que ese número no existe. No tengo modo de ubicarlos, hace tres días que los estoy buscando y nada.

La casa de ellos es el único lugar que tengo para quedarme, tampoco tengo dinero para pagar un hotel y además no conozco a nadie.

Agustín escuchó con atención y hasta espanto por este extraño personaje.

Cómo podría este hombre hablar de responsabilidad actuando de ese modo. Quién era él para decir que no había que preocuparse. "*Seguramente es un loco*", pensó.

Los locos abundan en estos lugares.

Yanum lo miró. Parecería leerle el pensamiento.

Bajó la cabeza, con un gesto de humildad.

–Sabes, Agustín, el dinero es necesario pero hay que tener que merecérselo para poder mantenerlo.

–Yo no estoy de acuerdo, todos nos merecemos estar bien, que no nos falte nada. La naturaleza es perfecta, no hay alimento que la Tierra no nos pueda dar.

–No me refería a eso. Me refería a que para que tengas dinero sólo tienes que quererlo, darle importancia. Si no le das importancia se va.

Y yo soy consciente de que cada vez que tengo dinero, como en mi mente inconsciente no le doy el valor suficiente, él no me quiere y se va. ¿Nunca escuchaste que el dinero va a donde está el dinero?

El dinero es energía, y para que lo puedas tener debes quererlo mucho, muchísimo.

Yo tenía una amiga a la que le encantaba oler los dólares.

Y otro amigo que miraba la figura del billete y le hablaba, mantenía un diálogo invitando a sus amigos billetes a que fueran a su casa.

–¿Y el billete le contestaba?

–¡Claro, que no! Ja, ja, ¿te imaginas si le contesta y le dice: "Yo contigo no voy, estoy ofendido, siempre te desprendes de mí como si nada?".

–¡Ah, claro, es tu caso!

–Lo importante no es si tienes o no tienes dinero sólo es que seas congruente, yo sé que no le doy valor entonces sé que siempre estaré con el dinero justo, es lo que estoy eligiendo en este momento.

No vale de nada quejarse porque el dinero no te alcanza y cuando tienes un poco sales a gastarlo. Lo único que interesa en estos casos es ser fiel a lo que quieres.

A mí no me interesa.

–Bueno, a mí me parece que tampoco.

–Pero nadie dice que sea malo que te interese, al contrario, tampoco debes estar peleado con la espiritualidad, con tus criterios, no sirve vivir con los paradigmas.

–*Pero Yanum, ¿si no encuentras a tus primos qué harás?*

–Me las arreglaré, no te preocupes.

Agustín sacó unos billetes y se los regaló, diciéndole en tono gracioso:

–*Por favor, háblale a todas las fotos de los billetes y diles que vayan a buscar más amigos.*

Yanum no hizo ningún gesto de querer rechazarlos, los agradeció con mucha ternura.

Entonces Agustín tuvo un diálogo interno: *"Pensé que muchas veces el que es comedido siempre sale mal parado".* Ésta no era la primera vez que le daba pena alguien, luego lo ayudaba y con el tiempo se le hacía un problema más para sostener.

Yanum, que parecía leer entre líneas el mensaje no verbal de Agustín, le contestó sorprendiéndolo:

–Mira, a nadie debes ayudar por sentir culpa. Tú no tienes la culpa de que yo me haya preocupado por ti cuando estabas en la carretera. Muchas veces la culpa nos hace actuar con mucha pena, y nos hace equivocarnos. Además que cada uno tiene su karma. No te hagas cargo de lo que no te corresponde —dijo Yanum—. Te acepto el dinero por dos motivos: porque creo que si una persona ayuda a otra mejora su karma, y después porque sería muy soberbio si necesitando el dinero te dijera ¡no, gracias! Porque esto es otra de las cosas que aprendí: somos muy soberbios cuando creemos que hacemos las cosas por humildad.

Soberbios cuando necesitando decimos "no, gracias".

Soberbios cuando no pedimos ayuda.

Soberbios cuando muriéndonos de ganas porque nos digan "te quiero", nosotros nos guardamos las mismas palabras.

Tú deberías haber pedido ayuda en la ruta con más ímpetu. Estoy seguro de que tus señales de sos fueron muy sutiles y solamente las captaban las personas que iban muy atentas al camino, pero ya sabes hay gente que no lo está tanto. Si te hubieras parado arriba del techo del auto, te hubieras sacado la camisa y hubieras hecho señales desesperadamente, hoy estarías a esta hora en tu casa.

Pero, claro, te dio pena. Eres una persona humilde... por soberbio no quisiste pasar vergüenzas, a pesar de estar buscando ayuda.

Y Agustín, entre sonrisas nerviosas y algo molesto le decía que sí moviendo la cabeza. Asintiendo a cada pensamiento de ese desconocido, que parecía tener una respuesta para cada situación de la vida.

Agustín aprovechó para despedirse y regresar a su casa.

Subió al auto y lo miró por el espejo retrovisor. Lo observó en su andar liviano y lento, cabeza erguida, hombros anchos, espalda recta y un andar seguro.

Puso el auto en marcha y muy lentamente lo siguió, pero en cuanto el camino de ruta terminó, Agustín empezó a acercarse a la ciudad y lo perdió de vista. Pensó en cuánta gente debería estar encerrada en un manicomio.

Viajar sin temor, vivir en la India y no saber dónde ir. Parece que los locos disfrutan más que los cuerdos.

De pronto se detuvo en un puesto para comprar el periódico, luego siguió manejando hacia la plaza, buscó un lugar para estacionar y bajó con la idea de tomar otro café en un bar, mientras miraba en los avisos algunos departamentos para alquilar.

Agustín se sentó en una mesa cerca de una ventana que daba a la calle, abrió el diario y como un navegante perdido dio vueltas las hojas sin tener idea de lo que buscaba. Encendió un cigarrillo, pensó en dejar de fumar pero no era el momento, algún día llegaría, después de todo el único amigo que tenía era el tabaco.

Recordó al hombre nuevamente, pero se sorprendió al darse cuenta de repente de que este hombre extraño acababa de llegar al mismo café donde él se encontraba.

Estaba haciendo unas averiguaciones con la mesera del lugar, le mostraba el mismo papel arrugado que le había mostrado a él.

Agustín se colocó el diario en la cara para que el hombre no lo reconociera. Yanum lo vio pero no se acercó. Se sentó en una mesa distante, se le veía muy tranquilo.

A Agustín hacerse el desentendido con alguien que necesitaba de su ayuda lo ponía tenso... y lo hacía sentirse culpable.

"Pero si no puedo hacer nada por él", se dijo. *"Lo llamaré."* Y haciéndole una seña con la mano justo en el momento en que le traían el café le señaló la silla vacía, invitándolo a sentarse frente a él.

–¡Hola! —dijo Yanum.

–*Hola, ¿cómo estás?, ¿encontraste a tu familia?*

–No todavía, pero sé que los encontraré. Primero quiero encontrar un trabajo, de lo que sea, no me preocupa la tarea, necesito tener la tranquilidad de que puedo quedarme un tiempo aquí. Vine con un objetivo y no puedo irme sin cumplirlo.

–*¿Puedes contarme de qué se trata tu objetivo?*

–Claro que podría contártelo pero no tiene sentido que lo haga. Tú estás apurado, no puedes perder tiempo en tonterías, tú eres un hombre importante.

–*¿Por qué dices esto? Yo no soy lo que crees.*

–¿Y quién eres?

–...No lo sé.

–¿Tú eres uno más entre todos?

–*Claro que sí.*

–No pareces seguro de pensar así.

–*¿Y tú tienes una respuesta?*

–Por supuesto que no, apenas te conozco. Cuando conoces a una persona te suceden sólo dos cosas: o la rechazas o bien la aceptas. Y tú eres confiable, algo melancólico y con una gran sensibilidad.

–*¡Eres muy observador!*

–A veces sólo pongo atención en lo que me parece interesante, como lo puedes hacer tú.

–*Dime, Yanum, ¿con quién compartes tu vida, quiénes son tus afectos? Cuéntame de ti.*

–Mi vida no es muy interesante. Tengo muchos amigos, soy un sembrador de afectos. Hablo con mucha gente, también le hablo a las plantas, a mí mismo. Tengo un socio maravilloso, ese socio es Dios.

–¿Eres católico?

–No, no tengo una religión. Algunas me gustan, no sigo un dogma. Imagínate, yo rezando toda una vida a un Dios y el día que me muera, si es que me toca ir al Cielo, me encuentro a otro Dios. ¿Te imaginas cómo me puedo sentir?

Estoy seguro que allí arriba hay un Dios para cada religión. Tampoco creo que estemos solos en este planeta, sería muy soberbio creer que somos los únicos habitantes del mundo.

–*Se ve que eres muy espiritual. Yo también lo soy. Cuando colocas los pies en el camino de la espiritualidad nunca más vuelves hacia atrás, el camino de la evolución espiritual es maravilloso.*

Mi madre se ha convertido en un ser que le habla a sus enfermos de energía y de afirmaciones.

–Hoy creo que todos estamos en este camino. Algunos transitamos en el jardín de infantes, otros en la secundaria y otros en la universidad. Tienes que tener fe, vive una vida distinta, ten un sentido, sigue un propósito y sé feliz.

¡A ti no se te ve muy bien de ánimo!

–*Es verdad, estoy un poco desorientado, extraño partes de mi pasado, cuando era un hombre que sabía lo que quería, tenía una familia normal, un trabajo.*

–¡Te faltó decir "todo tiempo pasado fue mejor"! Estás asustado, te ubicaste en la queja, eres una víctima de las circunstancias. ¿Quién te crees que eres para pensar que la vida siempre te tiene que sonreír? ¿Qué te diferencia de los demás que sufren? Los otros tienen derecho a sufrir, ¿y tú no?

–*Bueno, no me regañes pues tienes razón, soy un quejoso y un despreocupado.*

–Yo creo que cada persona tiene lo que puede tener de lo que puede ser, pero depende de cada uno el entusiasmo que ponga en cada tramo de su vida, para construir su propósito.

A veces puedes y otras no, acepta lo que te toca y no reniegues.

–*Yo sé que tienes razón. Te haré una pregunta* —dijo Agustín a Yanum—. *Si tú no eres un despreocupado y tus ideas están tan claras, ¿sabes lo que te está sucediendo? Porque tu vida no parece tan próspera, estás solo, no tienes nada. No te ofendas, pero no pareces el más indicado para dar consejos. Vuelvo a pedirte disculpas.*

–No, no te disculpes. Tú no sabes qué hay en mi interior Yo no me siento solo, no reconozco mi soledad. La sombra del desamor no me asusta, estoy en paz. Soy sólo un hombre que aprende cada día a estar presente, disfruta el momento y ama cada instante. Si tengo algo que hacer no lo pienso, lo hago.

Conozco gente maravillosa y comparto todo lo que dicen,

estoy abierto a cambiar lo que tenga que cambiar. Comparto tristezas y alegrías, me acuesto refrescado por las brisas, no digo sí cuando quiero decir no.

Prefiero ponerme rojo de vergüenza al decir no antes que ponerme verde de enojo por haber dicho que sí cuando no quería hacerlo.

–*¿Dónde aprendiste esto?*

La mirada de Yanum cambió hacia la calle y también cambió su conversación, le gustó el perro que le movía la cola en la vidriera del café.

Yanum lo miraba y pidió que le dieran algo de comer al pequeño animal.

–*¿Te gustan los perros, además de las plantas?* —agregó Agustín.

–Sí, pero me gustan más los gatos. Son independientes, saben bien lo que quieren. Me despido de ti porque aprendí que despedirse es bueno para no dejar ningún encuentro sin cerrar. Me despido, pero no para siempre. Agustín, voy a darle de comer al perro y luego iré a buscar a mis primos. Pero antes de irme te haré un regalo.

Yanum metió la mano en el bolsillo y de adentro de su saco retiró una pirámide pequeña, un dije dorado con un brillo muy especial.

–*¡Oh, es bellísima! ¿Estás seguro de que te desprenderás de ella?, ¡es hermosa!*

Y Yanum le contó que tenía una historia muy bonita.

–Sólo hay dos pirámides iguales, las hizo mi padre, una para él y la otra para mi madre. Ella antes de fallecer se la regaló a una mujer que estaba muy triste porque no había logrado nunca enamorarse y tú pareces tener alguna dificultad en ese terreno.

–*¡Pero si no me conoces, cómo te desprendes de un recuerdo!*

–Éste es mi amuleto del buen amor. Yo vivo en el amor universal y no lo necesito. Además, los recuerdos no son cosas, son sentimientos y mis recuerdos están en mi corazón.

Tampoco el amor necesita de amuletos, pero por si las dudas, uno nunca sabe.

–*Gracias, Yanum, me gustaría darte mi teléfono, que te pongas en contacto conmigo si necesitas algo o sientes ganas de que nos encontremos, permíteme que te dé mi tarjeta.*

–Prometo que te llamaré —dijo Yanum muy alegremente.

–*Hagamos un trato, en cuanto encuentre el amor te devuelvo el talismán y entonces se lo puedes regalar a otro, así enamoraremos a más gente. ¿Qué te parece?*

–Muy generoso de tu parte. Igualmente nadie necesita mi amuleto. Para enamorarse basta con encontrar a la persona adecuada; el amor no se busca, sólo aparece. Mi madre decía que el amor es como una enfermedad que aparece cuando las defensas están bajas.

–*¡Entonces yo ya estoy apunto de encontrarlo!*

–Quizá sí, o quizá tengan que bajarte aún más las defensas, a lo mejor todavía no tocaste fondo.

Déjame que te dé un abrazo, Agustín.

–*¡Muchas gracias por tu regalo!*

–No, gracias a ti. Espero la próxima vez poder devolverte tu buena ayuda.

–*No te preocupes, apúrate con tu bandeja de comida que el perro está alejándose de la plaza y se irá sin comer.*

–Es probable que no tenga hambre y sea sólo una necesidad mía de darle algo de comer, quizá hacer esto me satisface más a mí que a él. Siempre se siente un gran bienestar cuando uno da. Creo que damos por el hecho de sentirnos felices.

Quizá el otro no necesita tanto de mi caridad ¿no te parece, amigo?

Me voy, no doy más vueltas, hasta el próximo encuentro —dijo Yanum.

–Adiós —dijo Agustín.

XI
Traza tu plan de vida

Traza tu plan de vida como si quisieras armar un mapa
para encontrar el tesoro de tu vida.
    Todos somos piratas de una u otra forma.
    Todos buscamos minas preciosas, tesoros escondidos.
    Lo bueno es que el que busca, encuentra.
    Y quien busca, sabe que en algún momento algo
encontrará.

Agustín se encontraba sentado en el bar, inquieto por la casualidad del encuentro, esa causalidad que su madre le había enseñado que no existía. Un poco disperso tomó el diario que se encontraba en la mesa contigua a la suya y le echó una ojeada.

Marcó unas cruces en los apartamentos que le interesaban, pagó su cuenta y salió con la ilusión de encontrar un buen lugar para vivir. "Nadie cambia su vida por cambiar de lugar", le había dicho en alguna ocasión su nuevo amigo Yanum.

"Uno es lo que es y anda siempre con lo puesto.

Tal vez no cambie mi vida, pero me ayude a cambiar de actitud. Los cambios positivos no sólo los producen las puertas que se abren por dentro, también la invitación a que de afuera se abra un portal y te inviten a la gran fiesta de la vida", pensó Agustín.

Con su temperamento impulsivo rentó la segunda casa que vio. Casi ni lo pensó: sacó su dinero de la billetera y le dejó un depósito al dueño del lugar.

Al llegar a su casa materna y no encontrar a Mónica la llamó por teléfono, quería contarle su decisión.

–¿Ya no hay manera de que vuelvas a tu casa con tu esposa y tus hijos? —le preguntó su madre algo fastidiada.

–*Lamentablemente no pude sostener mi matrimonio y ésta es una etapa nueva que prefiero construir de este modo. Las cosas por algo suceden... "Bacará". madre.*

–¿Qué dices?

–*"Bacará"... esta palabra la aprendí hace un tiempo. ¿Sabes qué significa?*

–No.

–*Que lo malo que te sucedió sirvió para que no te sucediera algo peor. Bacará, madre, bacará.*

–Bacará, hijo —dijo Mónica, riéndose.

–*Pronto empezaré a tramitar el divorcio. Después de todo lo único que me quedará es mi libertad. El dinero y la casa ya no serán míos pero lo que quiero es ser libre.*

–Y ¿para qué quieres ser libre?

–*No lo sé.*

–No eres libre de todos modos. No puedes gastar más de lo que tienes, no sabes qué pasará en tu futuro. Los miedos nunca se van del todo. En esta historia, la única libre es tu alma. Tú sólo eres un envase de lujo, no puedes escaparte de tu ser ni de tus emociones. No te escapas del hombre, ni de las posibilidades de creer que te merecerías una vida diferente.

–*Sabes, no estoy de acuerdo porque uno cambia, evoluciona, crece.*

–Y eso, ¿qué tiene que ver con la libertad?

–*Creces en la vida, tienes alas, somos como ángeles.*

–¡Qué dices, los ángeles no son libres!

–*Pero yo soy un hombre que cree tener alas de libertad. Estoy en paz y creo ser justo.*

–Tú te crees justo, nunca sabrás si lo eres. No toda la gente es igual. Quizá el bien que le haces a alguien perjudica a otros. Hijo, la vida es mentirosa y el mayor enigma es el hombre que transita este bendito camino. Cambiando de tema, te ayudaré con tu mudanza, de cualquier modo es muy poco lo que tienes en esta casa.

–*No te preocupes, pronto compraré lo necesario.*

Y pasaron los días tan rápidamente que no hubo posibilidad de que Agustín tuviera tiempo de deprimirse.

Agustín se sentía cómodo en su nueva casa, comenzó su trabajo con entusiasmo, parecía estar saliendo del duelo de su separación. Sólo faltaba que encontrara el gran amor con el que soñaba.

Deseaba tener a quien amar y alguien que lo mimara.

Cenar solo es molesto, pero para esos momentos la televisión es buena compañía.

El televisor acompaña pero no escucha, no comparte, entretiene cuando te encuentras con una vida vacía. Y la vida a veces no es tan generosa como para brindarte compañía en los buenos momentos.

Mientras Agustín cenaba y comía unos dulces hipnotizado por las noticias de la televisión, recordó que faltaban sólo dos días para la navidad. Miró el calendario y dijo en voz alta:

–*¡Hoy es veintidós de diciembre! Es el día que baja el espíritu navideño.*

Apagó el televisor, fue hasta el cuarto de su madre, buscó en los cajones de su mesa de noche una vela roja y se sentó a meditar.

–*Dios, qué solo me siento, ¡mándame una señal de que me escuchas!*

Mientras, en el Cielo, un maestro que lo observaba emitió un pensamiento en voz alta:

–Cuándo sabrás, personita, que Dios no se manifiesta en persona, sino que se manifiesta en un símbolo.

Grande fue la sorpresa de Agustín cuando entró en su habitación y vio que en el escritorio había un jazmín con un perfume intenso. Entonces asombrado, lo tomó entre sus manos y lloró hasta el cansancio. Comprendió que era un regalo del Cielo y que a veces tenía miedo de aprender para crecer y entendió que la fe es la certeza de que Dios existe.

Y si crees que Dios existe, Él siempre se manifiesta.

La vida tiene demasiados milagros como para tenerlos a todos en cuenta.

XII

*De la mano van
las fuerzas y el descanso.
Tomados del brazo caminan
el trabajo y el deseo*

Muchas veces puedes sentirte como suspendido en la nada.

Cansado, agobiado, sin fuerzas.

Esa sensación no es real, tu mente negativa se apoderó de ti.

Esa mente tirana y egoísta.

¿Cansado? ¿Quién puede estar cansado? ¿Dé qué puede estar cansado?

Se cansa el que trabaja en lo que no le gusta, se agota el que no tiene imaginación.

Discurso del maestro
de la Prosperidad y la Abundancia

Rosario —que ahora usaba otro cuerpo y el nombre de Camila— se encontraba tirando algunas monedas en un lago cercano a su casa de fin de semana.

Esa tarde, un rato antes, estaba sentada descansando en la banca de una plaza cuando se sentó a su lado un hombre que ella recordaba haber visto alguna vez en algún lugar, pero no recordaba bien dónde.

Vío tiradas algunas monedas en el borde del lago y se le ocurrió ponerse a jugar.

Metió la mano en su bolsa, buscó las monedas y pensó qué deseos sería conveniente pedir. A los pocos segundos le vinieron algunas imágenes oscuras y frías. Entonces se dispuso a pedir deseos por cada moneda que tiraba en la orilla del lago. Y así fue arrojando una a una las monedas pero al arrojar la última cerró los ojos y pidiendo con todo su corazón, dijo en voz baja:

–Yo pido por que de una forma u otra mi matrimonio cambie y se renueve. Pido por que vuelva la armonía y la compasión. Pido por que mi pareja tan sólo con mirarme pueda saber mis gustos. Pido que mi pareja pueda darse cuenta de cuánto necesito volver a sentirme acompañada. Pido una receta para enamorarme del padre de mis hijas.

Ella buscó una banca cerca para sentarse porque no se sentía con fuerza para caminar. El sol estaba demasiado fuerte, la garganta se le había secado y casi no le quedaba agua en su pequeña botella.

El hombre, que ya se había sentado a su lado, se puso de pie de repente, caminó hacia la fuente y sacó de ella la última moneda que Camila había tirado, estiró la mano y se la devolvió diciéndole:

–¡Ésta no sirve!

Camila creyó que era un mendigo y entonces le hizo señas con la mano de que podía quedársela.

El hombre comenzó a hablarle.

–¡Qué bonito día!

–Sí, ¡pero hace demasiado calor! Las temperaturas altas me cansan.

–No se ve cansada.

–Trato de que no se note, pero tengo este cansancio encima desde hace varios años.

–Y ¿cómo es ese cansancio?—preguntó el desconocido, mientras tenía puesta la mirada en la moneda que sostenía su mano.

–Porque siento que no tengo fuerzas, quisiera dormir todo el día.

–¡Ah, entiendo! Usted se quiere evadir de la vida durmiendo. Las cosas así no se arreglan, sólo se acumulan los problemas, se acrecientan las preocupaciones, sentirse cansada le quita energía.

–Y ¿cómo lo sabe, es terapeuta, acaso?

–No, no lo soy. Sólo sé leer las manos. Mi abuela, que era una mujer muy sabia, me enseñó a hacerlo, las leo muy bien, nunca me equivoco, digo lo que veo en cada línea.

–¿También puede ver la muerte?

–La muerte no existe. ¿Cómo sabe usted si ésta es la vida? Todo es una ilusión, hay otros tiempos que no manejamos, otras dimensiones que no conocemos.

Y Camila, sorprendida, le contestó:

–Pero ésta es la única vida que conozco, es la que me tocó.

–En la vida, lo único que te toca es elegir, y tú elegiste estar cansada. Quizá ésta sea una postura que te sirve para quejarte y para llamar la atención.

A lo mejor crees estar haciendo lo suficiente y estás haciendo las cosas mal.

–Puede ser, quizá tenga razón. Hágame un favor, tome mi mano y léala. ¿Cuál prefiere que le dé, la derecha o la izquierda?

–La mano del corazón herido.

–¿Cómo sabe que tengo el corazón herido?

–¡Quién no lo tiene! ¿Quién no cree que debería tener más de lo que tiene? No olvide que casi todos se quejan de no lograr todo lo que quieren y el todo no existe. No existe que se dé todo, tampoco existe que no se dé nada.

–Me siento la persona más ingrata con Dios, no hago las cosas tan bien como me gustaría.

–¿Comparada con quién usted es la persona más ingrata, la más inútil? Le pido un favor... nunca se compare. Siempre habrá peores y mejores que usted. Deme su mano, déjeme sentir lo que siente.

Camila, confiada plenamente de la energía de este hombre, extendió la mano y se dispuso a escuchar.

–¿Qué ve? —preguntó.

–Veo la separación de su matrimonio casi inmediata.

En la línea del corazón se refleja que usted tiene una pareja de hace muchos años y también veo que esta línea se bifurca. ¿Ve esa marca?

–Sí.

–En esta línea, ¿qué edad tiene?

–Treinta y tres años.

–Ah, claro, es la edad en la que se resucita.

–¿O te mueres? —dijo Camila en tono irónico.

–Bueno, para resucitar hay que morir.

Le explicaré algo, las personas somos seres de luz y armonía, y si nos mantenemos dentro de nuestra naturaleza, entonces estamos en armonía con el universo y todo, absolutamente todo, reinará para bien de nuestra vida.

Yanum la miró a los ojos y se atrevió a tener un trato más protector mientras le decía:

–Tú puedes vivir la vida como si fuera una flor, un árbol, un bosque, un jardín.

Y un jardín también puede ser un paraíso. Y se puede convertir en bellos paisajes porque tiene la flexibilidad de aguantar fuertes vientos, y a pesar de sufrir tempestades, la naturaleza no es rencorosa y, apenas sale el sol, el paisaje vuelve a brillar.

Tienes que ser flexible ante la vida para que puedas sentir que revives a tus treinta y tres años.

Tienes que aprender a no juzgar a nadie y a nada. Sería bueno para ti que pudieras aprender a vivir sin disfraces, ni máscaras. Debes estar abierta a compartir los latidos del corazón de la humanidad. La vida es amor. Y el amor es el imán del alma. Si estás abierta a la armonía de tu jardín, entonces serás la beneficiada de tu propio paisaje junto al de tu entorno.

En tu vida hay jardines interiores, que construyes con la plenitud de lo que desees vivir.

Y todo el tiempo vives muerte y renacimiento.

Hoy, aquí y ahora, eres una mujer con treinta y tres años demasiado asustada. Mira tu mano, cuando las líneas forman una estrella de cinco puntas en el centro de la palma, como la que tienes marcada aquí, esas líneas están diciendo que eres un ser de luz muy especial, eso significa que tienes poderes paranormales.

Camila, sorprendida, clavó los ojos en la mirada de Yanum y, con un tono descreído y un poco risueña, le preguntó:

–¿Poderes para qué?

–Ya lo sabrás, ahora permíteme ayudarte. Te regalaré un ejercicio para que no te sientas cansada.

Yanum le soltó la mano y le pidió que se acomodara en la banca donde estaba sentada, que cerrara los ojos y respirara profundamente una y otra vez.

–Si algún pensamiento interrumpe déjalo que entre. Respira más profundo aún, relájate más y más. El pensamiento que puede venir a interrumpirte viene, entra y se va, así como lo hacen las olas en el mar: entran, vienen y se van.

Otra respiración más y otra más.

Escucha bien el mensaje que hoy tengo para ti.

Cuando el sol sale cada mañana, lo hace con ganas, él no se cansa, sale una y otra vez sin la más mínima pereza.

Cuando cada noche salen las estrellas, ellas no se quejan. Aunque tú no las mires, brillarán como siempre y seguirán saliendo una y otra vez.

Cuando la luna es cubierta por alguna nube, ésta no se molesta, confía en que la nube en algún momento se correrá y entonces podrá alumbrar tus noches aunque no tengas tiempo de observarla. Ella estará siempre presente.

Cuando las flores se abren cada mañana no reniegan de que las haya mojado el rocío, aunque después el sol le seque sus pétalos, la flor se abre para que la observes y te maravilles. Pero si no lo haces, ella igualmente seguirá sin oponerse a su destino.

Y tú me dices que estás cansada. Cuanto más te lo digas, más te cansarás.

No reconozcas el cansancio y sucederá lo mismo que con la enfermedad: cuando no la reconoces ella se va.

¿Sabías que las líneas de la mano solamente están marcadas para ser leídas?

Sólo están para que puedas ver el destino en una persona.

Y como todo cambia, las líneas también acompañan el cambio. Muchas veces estas líneas cambian sin que te des cuenta. Las líneas de las manos se van modificando. En cuanto creces se van viendo con más nitidez. Aquí tienes la línea de tu misión y de todos tus amores, los posibles y los imposibles, los viajes, las mudanzas, las muertes y los nacimientos y triunfos y experiencias inesperadas.

Pero te enseñaré a interpretarlas y también a que puedas darte cuenta cuando esas líneas están por cambiarte.

Míratelas, si quieres fotografíalas para que tengas una muestra de ellas.

Cuando tengas una emoción muy fuerte las manos te picarán.

Camila lo observaba con la boca abierta, el brillo de sus ojos había comenzado a irradiar una inmensa luz en la mirada de este extraño y extravagante hombre.

El hombre hablaba sin siquiera dejarle decir una frase a su bonita interlocutora.

–Y tú, ¿por qué te quejas? Mira cuántas cosas tienes que hacer, cuánto camino recorrido y por recorrer.

Te levantas todas las mañanas y agradeces, ¿o te colocas en la queja? ¿Te sonríes o te enojas?

Mira cuántas cosas haces al día, cuánta energía tienes adentro de tu corazón para enseñarles a los demás lo que es vivir bien.

Por favor no te quejes, sólo debes tener paciencia con tu vida. Recuerda que sólo falta que las líneas de tus manos empiecen a cambiar para que puedas darte cuenta que falta poco para que un hombre te quiera de verdad, para que los éxitos te acompañen y el carro de tu vida no te resulte tan pesado.

Y Camila explotó en llanto, nunca lo había hecho delante de un extraño, pero no le importó.

Se sintió confiada y cómoda con ese extraño hombre.

Ella sacó de su cartera las fotos de sus queridas hijas y con orgullo se las mostró.

–Te presento a mis hijas, ellas son mi felicidad. Soy capaz de dejar todo por ellas.

Y Camila sonrió, se secó las lágrimas con el puño de su blusa blanca y él se levantó a comprarle un refresco.

Ella se quedó unos segundos meditando con la mirada clavada en sus pequeñas.

El señor le regaló la bebida de cola que ella habría elegido y mientras se la entregaba le dijo:

–Recuerda que tus hijas no son tuyas, son hijas de la vida.

Recuerda que tú sólo estás para darles amor incondicional, educación y enseñarles a volar.

No ancles su vuelo, en algún momento déjalas libres y recupera tú también esa libertad que te enriquecerá el alma.

Viaja, conoce, estudia, vive, ríe y canta como si nadie estuviera observando tus decisiones y tus locuras.

Y Camila lo escuchó con atención y respeto. Abrió su refresco, y un ataque de tos hizo que derramara la bebida sobre su falda, lo que les provocó un ataque de risa.

El señor fue nuevamente a pedir unas servilletas de papel para Camila, pero ella le hizo una seña de que no se molestara, el sol le secaría en minutos su falda.

Ella se levantó de la banca, empezó a caminar hacia la iglesia que estaba frente a la plaza y él le preguntó si podía acompañarla, a lo cual Camila le pidió que no se ofendiera, pero que prefería estar sola.

Entonces el señor le dio un papel arrugado y amarillento y le escribió con un pequeño lápiz negro unas palabras que eran increíblemente raras.

Parecía algún alfabeto desconocido.

Ella preguntó qué era, pero él le dijo:

–No preguntes nada, sólo guárdalo.

Y Camila, que era muy obediente, abrió la cartera y lo escondió en el bolsillo interno.

Luego le dio un abrazo muy cálido y él con toda la ternura le besó la frente.

Pasaron sólo dos días de ese encuentro cuando Camila comenzó sus tareas en su trabajo después del viaje que le había dejado un sabor dulce y un aroma a sahumerios en su memoria y en su dulce corazón.

XIII
No te mueras con tus amores

Tienes todo marcado, querido amigo.
Tú ya elegiste el modo de nacer y el de irte.
Yo coloqué planetas, te elegí el ángel.
Pero tú siempre tienes libre albedrío
tanto en el Cielo como aquí en la Tierra.

EL SEÑOR DESTINO

Mientras tanto, en Centroamérica, en Guatemala, Sergio cursaba segundo año de arquitectura, la carrera que había elegido para su vida. Tenía todas las ilusiones a cuestas, casi las mismas que cualquier muchacho de veintidós años, pero no tuvo otra opción que dejar que las ilusiones quedaran flotando en el aire para que el viento se las llevara.

Esos sueños que Sergio llevaba en su imaginación no los cumpliría, ni a él que contaba con una gran imaginación se le hubiera cruzado por la cabeza tan triste final. Acababa de exhalar el último suspiro.

–Murió en paz —dijo su madre sin consuelo.

–Hicimos todo lo que pudimos —dijeron los médicos.

–Fue el deseo de Dios que así fuera —dijo su padre.

Pero nada ni nadie puede detener el dolor agudo que la familia de Sergio comenzaba a sentir.

Un ángel dorado que merodeaba por el aire, cansado de

escuchar esta situación, comenzó a hablar solo mientras rodeaba la escena...

–Estas respuestas son iguales en casi todos los humanos que viven estas pérdidas. Ellos sienten que deben hacerse más fuertes para sostener el dolor de esa familia que apenas comienza a derrumbarse.

Nadie puede evitar la muerte, en cambio sí se puede evitar la vida. Sin embargo, nadie puede ni podrá ser eterno.

Me cuesta entender a las personas.

Cuando hay muertes, esas que ocurren en cadenas, como parte de una naturaleza enfurecida o epidemias, todas estas personas que no lo viven de cerca no lo pueden entender.

Pero la vida todo se lo cobra y la fuerza que la Madre Tierra brinda invita a seguir viviendo a pesar de todo.

Mientras tanto, no les quedará otra alternativa que continuar. ¿Y de qué modo?, se preguntarán los que quedan heridos por estas muertes.

¡Qué difícil es la vida! ¡Pero qué linda es! —terminó exclamando el ángel dorado.

En el Cielo, un maestro le dijo al otro:

–Prepara el libro de la vida de Sergio. En cualquier momento llegará al sexto Cielo y tendremos que mirar juntos lo que estuvo haciendo todo el tiempo de su vida.

En el mismo instante, en un lugar de Italia, en un pueblito del sur se encontraba en la cama del hospital Damián, un adolescente de veinte años, amoroso como tantos otros que habitan el planeta Tierra. Damián había comenzado a sentir cómo se elevaba su alma y se desdoblaba su cuerpo. Todavía podía sentir su cuerpo como un traje que le venía incomodando y ya estaba agotado de sufrir cirugías y tener las venas lastimadas de tantas inyecciones.

Mientras su alma se iba elevando muy lentamente él fue sintiéndose aliviado.

–¡Qué suerte! Ya me liberé. Y pensar que a veces es más complicado el remedio que la enfermedad.

Queriendo gritar de alegría les dijo con un tono sarcástico a los médicos:

–¡A ver si tiran ese cuerpo de una vez!

Él se dio cuenta de que nadie lo escuchaba. Sin embargo, sus pensamientos y sus emociones lo seguían acompañando, porque su campo mental y emocional se fueron también con su alma.

Y muy libremente, mientras se iba elevando feliz, siguió mirando la escena del hospital. Mientras tanto, los maestros ancianos que revisan los libros de cada persona que ha vivido en la Tierra, comenzaron a hablar entre ellos. Y al tiempo que sacudían el polvo de los libros, comentaron algunos secretos profundos que tenían entre ellos.

En la Tierra...

Las salas de los hospitales se sienten frías como todas las salas, aunque tengan la calefacción encendida. Las enfermeras corren y caminan por los pasillos, y se desviven por sus pacientes.

Los médicos que son responsables intentan dejar de lado sus problemas para estar concentrados en la atención de sus pacientes.

En las horas de las guardias trabajan, investigan y descansan sobresaltados.

También los médicos automatizados por su rutina dejan sus corazones en la casa. Algunos dejan también sus cabezas y van a trabajar colocándose con desgano su bata blanca o verde.

Esto a veces les da el derecho de echar tierra a sus errores más graves. Por suerte no hay de estos malos médicos en los hospitales de la Villa del Cóndor, donde fue a parar Damián.

Sin embargo, a pesar de que el gobierno recauda fondos para una mejor atención de los lugareños, pareciera que no recuperaran los recursos necesarios para realizar algunas pequeñas mejoras.

Sólo hay dos ambulancias que están equipadas en su totalidad, pocos aparatos de investigación suelen andar sin necesidad de darles algunos golpes, la mayoría de las paredes sólo quedan con el revoque a la vista por el tiempo que hace que nadie se acuerda de pasarles una mano de pintura. Y como si esto fuera poco, la mayor parte del tiempo los ascensores no funcionan. Pero los hospitales no son lindos ni feos, depende de la suerte que corran algunas personas en ellos.

Según dicen los registros del Cielo, a pesar de que estén en el siglo xxi la gente se seguirá muriendo por falta de amor, por tristeza, por pérdidas de valores. Y la vida es lo más preciado que tiene una persona y, sin embargo, es lo menos respetado.

Ellos mismos crearon sus venenos ponzoñosos, el peor de todos, el que baja las defensas, el "hacerse mala sangre".

Pero en los libros sagrados no tiene importancia en qué lugar se salva la vida, sino quiénes la salvan. El lugar en donde vas a morir no es demasiado importante.

Cuando en el libro de la vida de cada persona hay una palabra de tres letras escrita en mayúscula y de color violeta con dorado no se aclara en qué lugar se desarrolla la última escena y la palabra es "Fin".

La muerte está marcada con fecha y hora, y hasta el modo en que se desarrollarán los últimos instantes. Antes de nacer eliges todo esto, incluso con quién estarás en el último suspiro.

Algunas personas desean irse del camino de la vida cuando los seres que aman están a su lado, y otros deciden irse unos segundos antes de que entre a la habitación su hijo o su ser querido.

Otros quieren llevarse la vida puesta, mueren en la calle, a veces ni siquiera sucede que sea un accidente o un asesinato, mueren porque mueren.

Otros ni siquiera llevan sus documentos en el bolsillo. Esto les pasa porque su alma sabe que es la última vez que van a estar con su gente y entonces para que les sea más fácil despedirse tienen este acto fallido sólo para que por unos días esa familia no los encuentre y ellos puedan ascender al Cielo sin que los otros los lloren tanto.

Camila, la que antes era Rosario, es médica de este hospital. Ella venía siguiendo el caso de un muchacho enfermo de leucemia, ella es su médica hematóloga. Siempre sostiene grandes charlas con Damián, hasta llegaron los dos a confiarse sus secretos más profundos.

Ése era el día en que Camila volvería a trabajar después de su largo viaje espiritual.

Ella entró al hospital como quien entra a su casa y con toda soltura saludó a sus compañeros mientras iba caminando y abriendo la bolsa para ponerse una nueva bata que acababa de comprarse en Europa.

Tomó sus planillas, como lo hacía todos los días, y caminó por los largos, angostos y fríos pasillos. Miró de reojo la manera en que la gente estaba sentada. Parecían todos pasajeros de un opaco tren. El modo en que iban sentados la hacía imaginar que se iban de viaje, pero ellos sólo se encontraban esperando que alguien los asistiera o que les diera noticias del ser que tenían internado.

Se dio cuenta de que los techos del hospital reciben siempre pocas miradas. Mientras esperan, las personas dirigen sus miradas hacia el suelo, apesadumbradas e inquietas.

Ella siguió caminando, miró los números de las habitaciones y encontró la quinientos seis con la puerta entreabierta. Entró y tuvo que salir corriendo al ver al muchacho con dificultades para respirar.

–**Me iré de la mano de Dios** —le dijo Damián a la doctora de turno que estaba tomándole fuertemente la mano—. **Estoy cansado, me duele la espalda, tengo frío... llama a mis padres, por favor...**

Y Camila, al escuchar la conversación, salió corriendo de la sala y casi sin querer chocó sus piernas con un camillero, pidió ayuda a dos enfermeras que estaban hablando y luego encontró al papá en un rincón del pasillo, pero al llegar todos a la habitación sólo se toparon a un muchacho felizmente sanado y rozagante, sin rastro de ninguna enfermedad.

XIV

*Los milagros
y los pensamientos
siempre van de la mano.
Uno atrae al otro*

Milagro, acción a la que los humanos no se acostumbran,
lo pronuncian descreídos y como si el milagro sólo fuera un
efecto asombroso y desconocido.
"Milagro", palabra que tendría que ser tomada con la co-
tidianidad que tienen las palabras "madre" y "padre".
Anímate, busca tus milagros.

EL MAESTRO DEL TIEMPO

Tan asombrada como la familia, Camila quedó paralizada. Los otros médicos que la estaban ayudando a asistir a Damián tampoco entendían nada. Todos sus síntomas parecían haber desaparecido. Entonces se acercó a su paciente y le entregó un regalo pequeño envuelto en un papel rústico. Estiró la mano, se lo dio y abrazó efusivamente a su paciente preferido, sin siquiera pensar en su cuerpo debilitado.

Ella le miró los ojos y las mejillas, quedó admirada de los buenos colores que reflejaba la cara de Damián.

Ella se quedó junto a su familia platicando con él hasta que sus seres queridos salieron a tomar un café, seguramente para reponerse de tanta emoción.

Camila estaba feliz y se alegraba de verlo tan repuesto.

–¡Hola, doc! —dijo el muchacho.

–¡Hola, Damián! Se te ve muy bien. Yo debo estar muy

ojerosa, he viajado muchísimas horas y casi no descansé. Te he traído algo. Quiero que rompas el papel, dicen que trae suerte.

–Guau, qué bonito. ¿Es de madera?

–Sí, es de madera de sándalo. Dicen que los adornos tallados con esta madera están repletos de bendiciones.

–¡Ah, me hubieras traído uno más grande entonces!

–No digas eso, porque la próxima vez me acompañarás y elegirás el que más quieras.

–Sabes, quisiera que este último tramo pase volando. Estoy cansado de tanto aburrimiento y quiero irme a mi casa.

–Dime, Damián, ¿no crees que no hay nada más lindo que dormir en tu propia cama? Te lo comento ya que pude estar en los mejores hoteles, en las mejores casas con la gente más linda, pero uno no tiene su casa, su cama, su baño. Me imagino lo que debe ser estar tanto tiempo internado.

–Sabes, a todo te acostumbras. Primero te enojas, luego lloras, después te aguantas, y después ves este lugar como tu propia casa. No puedo salir corriendo y escaparme de mi propio cuerpo. Así que lo único que me queda es esperar. Sabes, todos los que vinieron a verme me dijeron: "Te vemos bien, ya saldrás, te repondrás pronto". Solamente mi abuela fue la más sabia de todas las visitas, me dijo tocándome los labios: "Hijo, debes tener paciencia, paz más ciencia". Y esas palabras que nunca nadie me había dicho me sirvieron para acostumbrarme y no desesperarme.

–Es que cuando eres pariente de un enfermo, no sabes qué decirle para darle ánimo y terminas fingiendo sonrisas y hasta contándole tus propios problemas para que el otro no se sienta solo en las desgracias.

–Sí. Ja, ja, ja, ja. Tienes razón, algunos quieren que yo les dé animo. ¿Y qué crees? ¡Se los doy! Entonces salen reconfortados porque me ven bien y además se sienten mejor ¿Qué te parece, no es increíble? ¡El muerto se ríe del degollado!

–¿Qué sientes? ¿Qué te está pasando? ¿Por qué estás subiendo el tono de tu voz. Te estás poniendo pálido, ¿te sientes bien?

–No lo sé, desde que me enfermé nunca me he sentido totalmente bien. Sólo algunas horas, nunca días enteros, hasta llegué a tener envidia de los demás que estaban sanos. Mis preguntas eran: ¿por qué yo?, ¿por qué a mí? Ya sé que dirás que tengo que preguntar: ¿para qué? También pensé la respuesta y será para ser mejor todos los días. Sin embargo, yo me considero de muy buen corazón y si fuera así, los malos estarían todos muriéndose.

No te niego que a veces he sentido rencor por alguna tontería de la vida, me pude haber enojado con la vida en algún momento, eso casi no lo recuerdo. De lo que estoy seguro es de que ahora sí la vida se enojó conmigo.

¿Qué te parece si cambiamos de tema? ¿Cómo te ha ido a ti en tus vacaciones?

–Fue hermoso. Yo siempre digo que lo que es perfecto no se puede describir con palabras. Todavía es muy reciente mi experiencia, me siento muy movilizada por todo lo sucedido. Sólo te puedo decir que en la India se respira amor.

Me hubiera gustado haberme quedado más tiempo pero no me fue posible. Tuve la buena suerte de que me acompañara una gran amiga. Quizá sola no me hubiera atrevido a ir.

–¿Y qué más?

–Te contaré luego, ahora déjame tomarte unas muestras de sangre.

Damián estiró el brazo mientras miraba a Camila y observó un brillo especial en la mirada de ella. Se expresó con mucho amor y confianza y sin timidez le preguntó:

–¿Te enamoraste de tu gurú?

–No, nada que ver. Puede ser que me haya ayudado. Él recibió una carta en la cual también pedía por ti.

–Y ¿qué te dijo?

–Nada, no dijo absolutamente nada. Pero pude sentir que me hablaba con sus ojos, realmente es un placer haber estado en ese lugar.

–Dime, Camila, además de las charlas silenciosas con tu gurú, ¿qué otras experiencias has tenido?

–Pude ir de compras, hacer dos o tres excursiones, hablar con la gente. Conocí otra cultura y otra religión, todo esto es maravilloso y enriquecedor. También conocí a un hombre en un aeropuerto que me encantó. Es piloto aviador. En el primer golpe de vista creí que lo había conocido en alguna otra parte, pero luego traté de quitarme esa idea de la cabeza. Me llamó muchísimo la atención su mirada, el brillo que despedía. La verdad, Damián, creo que me enamoré.

–¿Y estás de novia?

–¡No! ¿Qué crees?, ni siquiera nos dimos los teléfonos.

–Me parece que tendrás que volver a ver a tu gurú. Pídele un conjuro con alguna fórmula que te despierte un poco. ¿Por qué no le preguntaste cuál era su teléfono?

–No, nunca hubiera hecho eso.

–¿No te arrepientes?

–¡Claro que sí!

–Entonces eres una tonta. Quizá alguna vez vuelvas a encontrártelo.

–Quizá.

Y Camila suspiró. Damián captó al instante el suspiro y suspiró él también como un modo de acompañarla en la conversación.

–Hablando de encuentros, ¿a que no te imaginas quién me estuvo visitando todas estas tardes? Es un joven delgado, rubio, que cuando entraba a mi habitación lo hacía traspasando el tragaluz de la ventana.

Yo creo que es Dios.

–Me parece que la fiebre está distorsionando la realidad, y además, si viniera a visitarte tu Dios, tendría que ser Buda. Tú me has contado que perteneces a esa religión —le dijo Camila, mientras le arreglaba las almohadas.

–Bueno, a Buda no se parece.

Te quiero decir que tuve ese tipo de visita y cuando atravesaba la ventana del tragaluz, él se aparecía en la habitación y ésta se iluminaba. Entonces, me miraba y me preguntaba: ¿estás preparado para partir?

Yo interpretaba que él me quería decir que me tenía que ir pero a mí me daba miedo y le respondía que todavía no estaba preparado. Entonces hacía una señal con su mano y del centro de su palma salía un aroma muy fuerte a azahares. Eso me daba paz, mientras mi alma saltaba de alegría. Yo tiemblo de frío cuando él está frente a mí, siento que se me hiela la sangre y comienzo a castañetear los dientes.

–¿Te hago una pregunta? Puedes no responder si así lo deseas. ¿Él te visitó hoy?

–Sí, apenas llegaste él se acababa de ir por la misma ventana. ¿Por qué lo preguntas?

–Porque sentí el perfume del que hablas en la habitación. Creí que te habían traído flores, pero no las vi. Luego pensé que era el perfume de alguna niña bonita que te había venido a visitar.

–Hoy no vinieron más que amigos y además mis amigas no huelen a azahares.

–Tienes razón, no dudes que te creo, sólo que no es común lo que me cuentas. Y lo que no es común es raro, y lo raro es único. Explícame un poco, ¿alguien más lo vio entrar?

–Él jamás entró cuando me encontraba acompañado. Pero ¿sabes una cosa? Hoy me dijo que me decidiera pronto porque no me quedaban demasiadas alternativas para elegir. Y mientras atravesaba la ventana seguí con la mirada los destellos que despedía su luz, lo llamé y él se volvió hacia mí. Luego le dije que tenía mucho miedo de marcharme y a la vez tenía la certeza de que irme con él era la mejor opción para mí.

Dijo que a las dieciocho horas vendría a buscarme, que me preparara, que tenía escrito en el libro de mi vida con quién estaré en el último suspiro y que había elegido estar muy bien acompañado.

–¿Te puedo pedir un favor? Dile que es injusto que te vayas tan joven.

–Pero yo ya se lo dije y parece que no quiso responder. Sólo dijo: yo sé muy bien lo que es mejor para ti.

–Pero mira tu reloj —le dijo Camila a Damián—. ¿Qué hora tienes?

¡Las dieciocho treinta! ¡Qué gusto me da darme cuenta de que las dieciocho ya pasaron!

Y de pronto sus padres, que regresaban de la capilla del hospital, se acababan de enterar de lo mal que se había puesto su hijo y de su pronta y milagrosa recuperación:

–¿Qué ha pasado, Damián? —le preguntó el papá, maravillosamente sorprendido.

–Nada papi, me siento muy bien, siento que me he sanado.

En ese instante los médicos se miraron y sintieron una inmensa emoción. ¡Por fin se hacían presentes los milagros en el hospital! Claro que para la medicina los milagros no entran dentro de la ciencia. Uno más uno no es dos, así que lo que no tiene explicación quizá sea algo que la medicina todavía no puede hoy por hoy descubrir.

Camila se quedó con la boca abierta y lloraba de la emoción.

No dejaba de agradecerle a Dios y a sus guías semejante fenómeno.

–Parece que te dejaron plantado —le dijo al oído a Damián y guiñándole un ojo le comentó—: después hablaremos. Te dejo con tu familia.

XV

Vive los milagros con fe

Podríamos definir la vida como un parque de diversiones.

Muchas veces anhelas subirte a un juego pero te da miedo.

Otras te quedas mirando cómo los demás se divierten.

Un parque de diversiones tiene la particularidad de nunca parecerte igual.

Nada que le ocurra al otro será igual a lo que te pueda ocurrir a ti.

Camila entró a la cocina del hospital, exaltada, contando con pasión cómo había vuelto a la vida mágicamente el muchacho.

–Sólo necesitamos terminar algunos estudios para confirmar que ya está sanado.

–¿Y tú, Camila, qué crees que lo ha sanado? —le preguntó una enfermera, compañera del hospital—. Todavía no están listos todos los resultados, ¿qué te hace pensar tan positivamente?

–No lo sé, quizá sea un presentimiento. Hoy pude ver cómo le había cambiado el semblante.

Y además cuando me vio lo primero que me dijo fue: "¡Ya me curé!".

La enfermera gorda del hospital preparó dos cafés, le invitó a Camila y, mientras la miraba con mucha pena, le dijo:

–Es hora de que dejes de hacerte ilusiones, las desilusiones pesan cuando se caen.

–¡Ahora la negativa eres tú!

Deja que te muestre en estos días sus estudios y haré que la fe se te instale en el corazón como un sello grabado a fuego.

–¿Y cuánto crees que puede ser de importante mi fe para ti? ¿Por qué quieres ayudar a tanta gente? ¿Qué culpa quieres pagar dando todo lo que tienes adentro?

–Sabes, no creo en eso de que uno da porque se siente culpable.

Si de algo estoy segura es de que uno tiene que dar sin esperar nada.

Dime, querida compañera, ¿qué pasaría si en vez de enfermarte como le pasó a Damián a ti te llamara por teléfono la vida?

–Qué ocurrencias tienes. Me haces reír. Ji, ji, ji. Te diré, le diría que me dejara en paz, que me dejara de traer problemas.

–Ah, entonces no tienes que hablar con la vida sino con la muerte, porque en el único lugar donde no hay problemas es en el cementerio.

–Sabes, soy pobre, trabajo más de catorce horas, mis hijos están la mayoría del tiempo solos y apenas gano para darles de comer. ¿Tú crees que puedo ser agradecida?

–¡Tus hijos están sanos! Nadie que se va de aquí se lleva algo material, ni siquiera te llevarás un diez por ciento de tu sueldo, así que también puedes elegir no trabajar mendigar o robar.

–Ah, ¡eso nunca!

–Entonces no te quejes, porque vives de acuerdo a tus valores y eso está muy bien.

Eres rica en valores morales y no hablo de esa moralidad que tiene que ver con hacer juicios, sino de la que tiene que ver con el amor.

–Mira, Camila, ¡tú sí que eres especial! Eres tan positiva que ni te imaginas cuánto te admiro.

–Bueno, no me admires tanto, también tengo mis momentos no tan buenos y lo que aprendí es a hacerlos durar menos tiempo y hacer más extensos los tiempos de los buenos momentos.

En la India aprendí un ritual para que crezca dentro de cada persona todo lo positivo, para que tengas montañas de logros y sabiduría.

Por favor, respira profundo y lleva el aire a la parte superior del pecho, exhala, empieza a recordar los momentos buenos que hay en tu corazón, esos momentos de amor, de alegría y de regocijo. Mira por dentro con los ojos del alma cada sensación positiva, haz de cuenta que estás mirando una película pero ésta es la tuya. Mira qué colores predominan en la pantalla que estás mirando. Si escuchas sonidos, o voces, fíjate qué temperatura sientes, qué hay en esa escena, qué sensaciones recorren tu cuerpo. Ahora transforma en colores toda la sangre que recorre tu cuerpo, colores que juegan, que van y vienen por todo tu cuerpo. Ahora cierra un puño de cualquier mano y dices tres veces la frase... "voy por más..." repite... "¡voy por más!". Cada vez que te suceda algo digno de recordar diciéndote estas palabras te sentirás espléndida y esta frase te funcionará como el abracadabra de los magos.

Y pasaron los días y a Damián le dieron el alta en el hospital.

–No existe ninguna enfermedad en tu cuerpo, ¡es un milagro! Pero cuídate, tienes que venir a controlarte al principio cada seis meses y luego cada año.

Y Damián contestó:

–¿Tú quieres que sienta que tengo una bomba de tiempo en el cuerpo?

La doctora jefa de la sección lo miró a los ojos y le tomó la mano helada. Luego le dijo:

–¡No! Ésa es la interpretación de muchos, sólo que es bueno cuidarse y no temerle a los estudios. Todo estará bien.

–Gracias, doc, ¿no sabe dónde se encuentra Camila?

–Hoy no la he visto, es su día libre, pero si deseas te pasaré su celular. Aprovecha tu libertad, querido, te voy a extrañar y eso me alegra. No quiero volver a verte, salvo para esos estudios de los que te hablé.

Damián se fue repleto de bendiciones, poco a poco retornará su ritmo, volverá a la universidad y hasta podrá practicar su deporte preferido. Sólo es necesario dejar que los días pasen un poco más para que el muchacho recupere kilos y fuerzas.

XVI

Eres lo que dices.
Creas lo que te dices

Ahora es atardecer en el Cielo, los colores amarillos y anaranjados tiñen todo el firmamento. En el cuarto Cielo existe un hermoso mar que representa el poder de la verdad, en esas aguas mansas y cálidas siempre hay enormes cruceros repletos de globos de colores. Esos colores que sólo existen en el Cielo. En ese mar navegan los barcos que representan las verdades que construye cada persona.

Cada persona que en la Tierra dice una de las verdades transforma en luz esa energía. Y esa luz forma un globo de color y éstos vienen a pasear por el mar. Luego caen como gotas de rocío sobre el cuerpo de las personas. Por eso cuando se dice la verdad muchos sienten que se sacaron un peso de encima. Pero luego con estos globos como bendiciones, la gente se siente reconfortada. Claro que la verdad casi nunca es linda... pero qué bien hace. La verdad te hace libre siempre.

–Y este lugar de verdades me hace recordar un cuento que me regaló un espíritu que acaba de volver a nacer. ¿Quieres que te lo cuente? —le preguntó el maestro del Estrés al del Tiempo.

–Claro que sí, sabes que los cuentos me relajan —dijo el maestro, riéndose.

–Había una vez un hombre que caminaba por un bosque.

Mientras iba caminando encontró una mujer muy fea, tan fea que hasta se asustó al verla. Ella estaba sentada y cuando el hombre pasó por su lado ella le pidió que extendiera la mano y el hombre así lo hizo, aunque realmente le seguía impresionando su apariencia.

–¿Quién eres? —le preguntó el peregrino a la mujer.

Soy la verdad, pero te pido un favor, no cuentes que soy tan fea.

–¿Me escuchaste? —dijo el maestro que acababa de citar el cuento—, parece que no me prestaste atención. Dime la verdad.

–¿De qué verdad hablas?

–¡No me escuchaste!

–Si sabes que nosotros no necesitamos escuchar, sólo que ese cuento ya lo sabía.

–¿No podrías haber disimulado? Aunque sea haber hecho como si estuvieras interesado en la historia o hubieras hecho vibrar la luz de tu cuerpo etérico. Entonces yo hubiera creído que me estabas prestando atención y entonces no me sentiría tan tonto hablando solo.

–Bueno, no te enojes conmigo, me temo que tenías razón con el cuento, la verdad realmente es fea. Ahora me pides que te mienta, pero no lo haré, ¿sabes por qué? Porque al final la verdad resulta hermosa cuando te llega el momento de verla, sólo que debemos estar preparados para que cuando se haga notar, en vez de asustarnos, y salir corriendo la admiraremos.

La verdad es bonita por donde la mires.

Sólo que no es tonta.

–A ver —dijo el maestro del Tiempo—, déjame ver qué es ese libro negro que tienes entre tus alas.

–Ah... es el libro donde anoto a todas las personas que se estresan.

–¡Pero eso es un trabajo imposible de hacer!

–¿Tú crees? Para mí no es tan difícil.

–Cómo que no, si la mayoría de las personas están estresadas.

–Cuando haces a un lado las nubes para ver el mundo, no creas todo lo que ves.

Las personas aprendieron la palabra estrés y no dejan de repetirla como si fuera un mantra y la alaban como si fueran las palabras mágicas para disculparse de todo olvido o desatención con el otro. Para todo la usan, para no responsabilizarse de una situación, para terminar con una pareja, para no estudiar, para enfermarse.

Yo no escribo tanto en mi libro, así que verdaderamente enfermos de estrés no tengo tantos.

Los que tú crees que están enfermos de estrés, están enfermos de otra enfermedad.

La enfermedad de la actitud desgastante.

Una actitud temerosa ante la vida.

Para no tener estrés, deberían olvidar la palabra. Cuanto más la repitan, más la sentirán en el cuerpo.

Aquí estamos haciendo un nuevo diccionario para que en algún momento en la Tierra ese diccionario se utilice y dé mejores resultados.

–Pero, maestro, ¿no es al revés?, tiene estrés el que más trabaja.

–No, querido amigo, te vuelvo a repetir: tiene más estrés el que se dice una y otra vez que lo tiene.

El verdadero estrés no existe.

Sólo inventan palabras. A algunas les dan más poder que a otras, ellos necesitan bautizar todo lo que inventan.

Ya se les ocurrirá algo más para que vivan entretenidos.

De pronto el ángel Cupido apareció muy exaltado y contento, se le acercó al maestro del Estrés y le dijo:

–¡Mira lo que traje! Encontré el libro de la vida de Rosario. ¿Recuerdan que me lo habían pedido? Pude leer que ahora sus padres la llaman Camila.

–¡Excelente! Por la tarde, cuando me detenga a descansar lo veré; espero que sea interesante. Ella es ahora una persona muy amada por su ángel y por el ángel que tenía Francesco. Bueno, él ahora se llama Agustín. Déjame contarte algo. Claro, de vez en cuando su color la identifica, desde aquí la puedo ver. El color de su alma me ayuda a identificarla entre tanta gente, a veces su luz se vuelve muy brillante. Eso significa que está bien conectada con el Cielo, aunque la mayoría de las veces su luz se apaga y la vuelvo a perder. Tengo la sensación que no está cumpliendo con su tarea y eso es una verdadera pena.

–¡Eso crees! Sin embargo, tiene muchísima luz. Mira, ahí está. ¿Es ella, verdad?

Sin embargo, que esté rara no significa que no esté haciendo su parte.

–Ábreme su libro, ¡lo quiero leer!

XVII
La hora de la amistad

Miraste el reloj y viste las manecillas en las once y once.

¿Dé qué te extrañas?

Ésa es la hora en la que apuntamos tus pedidos.

¿Y qué son ustedes cuando aman?

Las personas que se aman, las que se cuidan, los padres e hijos, las parejas, los maestros y los alumnos, ¡no son todos íntimamente amigos!

Mientras tanto, en el aire del Cielo hay un clima un poco extraño. La Madre Naturaleza está pidiendo una reunión de almas. Pide ayuda para que socorran a las personas que sufrirán un terremoto en Centroamérica en el término de quince días.

Un espíritu muy nuevecillo que flotaba por las nubes escuchó el tema de la reunión, entonces fue llorando entre una nube y otra hasta que encontró a su ángel.

Ahí estaba su ángel descansando panza arriba. Se acercó a él, y le quitó la corona que llevaba en la cabeza con un soplido.

–Hola, ángel, te veo muy interesado en el libro que estás leyendo. ¿Puedo saber de qué se trata?

–Sí, son los códigos del Cielo y tú ya sabes, las leyes perfectas, el mundo perfecto, sin embargo, en estos últimos tiempos algunas leyes cambiaron. Por ejemplo, el ángel de Rosario pidió irse con el alma de Francesco, el que ahora se llama Agustín. Y Pancho, el ángel de Francesco, pidió irse con el ángel de Rosario.

Cuando un alma nace los ángeles salen de su ciudad celestial y van a acompañar todas sus vidas a esa misma persona.

El ángel y el alma no cambian... salvo que sean almas gemelas. Según nuestro código sagrado, ellas son las únicas que pueden intercambiar sus ángeles de la guarda.

–¿Tú crees que es posible que sean almas gemelas?

–¿Y por qué no?

–Bueno, todo puede ser. Yo a Agustín lo identifico por su color energético, muchas veces su luz es muy brillante y otras veces se apaga a tal punto que lo pierdo de vista.

–¿Qué estás haciendo? —le dijo el ángel a un espíritu ansioso que acababa de volver de visitar a su familia en un sueño.

–Hola, angelito de la guarda. ¿Serías capaz de responderme un par de preguntas?

Y el ángel le contestó con su voz de tono grave:

–Seguro que sí.

–Escuché que la Madre Naturaleza tendría una reunión porque no hay equilibrio en ella. Los vientos hablan de un gran terremoto en el centro del continente americano, otro continente tendrá dos países en guerra.

–¡Cálmate, querido espíritu, mente inquieta! ¿Por qué te sobresaltas? Parece que estás pasando las noticias de los diarios. ¿De qué te asombras? ¿Tú no viviste ese tipo de desgracias?, ¿no las escuchaste mientras vivías?

–Yo sí las he escuchado, y no entiendo por qué si la naturaleza es orden, hay tanto caos.

–Escucha, seré muy didáctico al explicarte. La Madre Naturaleza fue creada por Dios, es el canal por el cual Dios actúa. Es tan perfecta como lo es él, rige el amor y el equilibrio. Ella representa la parte femenina de Dios.

No tiene límites su inmensidad, no tiene límites su diversidad en paisajes, flora, fauna, piedras, colores. Poder observarla no tiene precio. Cualquier persona se siente totalmente chiquita al lado de ella. Pero cuando el hombre la invade, cuando no cuida su medio ambiente, ella no hace más que quejarse y mostrar su desacuerdo ante tanto ensañamiento con ella.

La Madre Naturaleza tiene sus ayudantes, son los elementales, duendes, silfos, salamandras, etcétera.

Las personas pueden invocar a los elementales cuando necesitan conectarse con ella.

Hay algo que tú ya sabes: así como existe el bien, existe el mal.

Los elementales buenos nos cuidan pero los elementales de la oscuridad muchas veces se apoderan de esta fuerza y tratan de destruir con furia y con ensañamiento a la Madre Tierra. Es en esos segundos donde se hacen estragos y ese lado oscuro se hace presente en la vida. Nuevamente aparece el amor de la Madre Naturaleza y entonces vuelve la calma, regresa el orden, comienza a salir el sol y de nuevo se vuelve a empezar. Y aunque en esos instantes ya estén partiendo algunas almas, ellas van subiendo de plano sobreponiéndose al susto de fallecer tan repentinamente y luego quedan felizmente viviendo en el lugar más bonito del Cielo.

Ahora tienen de misión ayudar a los elementales de la naturaleza y rescatar así a los que se encuentran en medio de los desastres.

–Y ahora, con tantas catástrofes, ¿mandaron ayudas?

–¡Claro que sí! Nosotros no perdemos nada de vista, aunque la gente a veces después de estas experiencias se vuelva descreída, pierda la fe. Aquí en el Cielo llegan muchísimos libros sagrados tirados a la basura.

Pero nosotros tenemos ángeles recolectores de textos

sagrados, medallas, flores, regalos y cosas que tiran las personas cuando su espíritu pierde la paz.

Nosotros tenemos un baúl repleto de cosas.

Esas cosas son las que cada persona creyó haber perdido sin explicación lógica.

–¿Y para qué guardan todos esos baúles si lo material no tiene ninguna importancia aquí arriba?

–Lo material no, pero los afectos sí. Los apegos para ellos fueron importantes, todo lo que pierden y no saben dónde está es porque nosotros lo tomamos prestado para tener una guía de esa persona, porque esas personas son elegidas para cumplir misiones especiales.

–Ahora entiendo por qué a Camila cuando era niña le hicimos una travesura. Le quitamos de su clóset a su muñeco preferido, el que ella usaba para disfrazarlo de hijo. Una noche lo dejó castigado encerrado y nosotros lo desmaterializamos, lo trajimos a la ciudad de los recuerdos y entonces ella se levantó y abrió su clóset. ¡Imagínate el susto de la niña cuando lo fue a buscar y no lo encontró! La puerta estaba todavía con la misma llave cerrada y el bebé de juguete no estaba.

Nadie pudo entender qué pasó. Quedó como una anécdota sin explicaciones en su familia.

De aquí le mandamos muchos muñecos más pero no pudimos conseguir ninguno más bonito que el de ella, porque ése tenía su energía, su amor. Ella lo había acunado casi todos los días.

De pronto el maestro, que terminaba la conversación, decidió irse flotando por el cálido aire del Cielo.

Y el maestro del Estrés decidió acompañarlo a dar el paseo, pero al verlo pensativo le preguntó:

–Maestro, dime, ¿qué te quedaste pensando?

–Que no es tarea fácil cuando elegimos un ser para que sea nuestro misionero, y aún más difícil cuando en vez de quitarle un juguete le quitamos un ser querido.

Sería tan interesante que ellos supieran con claridad su misión para que les fuera más fácil entender la vida.

Porque quien es consciente de que puede comprometerse con este camino sabe que se involucra a una vida maravillosamente espiritual y rica, llena de amor y de paz, pero que no va a dejar de ver el dolor y el sufrimiento de los que todavía no entienden el valor de la vida.

–Y el que no está en un camino espiritual, ¿no es digno de vivir bien? ¿No entrará al Cielo? ¿Adónde irá a parar?

–¡Oh, mira si eres ingenuo! Dónde irán a parar los demás que no son como uno. ¿Te imaginas un Cielo machista como la Tierra, o un Cielo solamente con gente de un solo color? No entrarían en el Cielo tantos cielos.

Así que, espíritu inquieto, deja de preocuparte y ocúpate.

Anótate como ejército de salvación en catástrofes. Habrá varios niños que quedarán atrapados entre los escombros de una torre que se derrumbará, tómalos en tus brazos para que no caigan fuerte al suelo. Hay otro niño que dice su ángel que no le da respiro. Pídele más información sobre ese niño índigo que desea estar todo el tiempo llamando la atención de su familia. Apúrate, debes llegar a tiempo. Abre tus alas y transfórmate en un haz de luz para que puedas atravesar las nubes que están más densas. ¿Sabes distinguirlas cuando el Cielo anuncia un terremoto?

–¡No! No lo sé.

–Mira las nubes entrecortadas, parece que forman un cuaderno con renglones sin dejar espacio alguno.

Eso es una señal que la Madre Naturaleza le da a las personas para avisarles que habrá una tempestad o un terremoto. Pero las grandes catástrofes nunca vienen con aviso previo.

Ellos hoy tienen máquinas, que según dicen no pueden fallarles, estudian los planetas y las condiciones del tiempo. Sin embargo, les fallan y quedan sorprendidos ante la fatalidad.

Quienes colocan bombas, hacen guerras, provocan caos, nunca avisan, porque la maldad no se hace ver como maldad, la maldad es obvia, para que puedas caer en ella se disfraza de astucia.

La Madre Naturaleza siempre nos ama, por eso responde a la gente que la cuida con amor. Este sentimiento es recíproco en todos los órdenes de la vida.

Los hombres necesitan acercarse a ella si desean tener una vida sana y larga.

Las personas están contentas porque creen que han alargado su vida, porque viven más tiempo, pero si quieren sentirse bien, van a tener que salir a caminar entre árboles, bosques, arroyos o jardines de flores. Y si no les es posible hacerlo, entonces solamente les bastará con imaginar un paisaje.

–Están tocando las campanas de cristal. Esto nos dice que hay que partir. Vamos, cada uno a su misión.

–¿Qué hora es en la Tierra?

–Pregúntame mejor en qué lugar de la Tierra son las once y once. ¿Sabes por qué te lo pregunto?

–Sí, ya lo sé.

Es la hora en que apuntamos los pedidos y los agradecimientos de todas las personas que se acuerdan que hay un Cielo que los sostiene.

Y cuando en cada país es esa hora, nosotros festejamos la

hora de la amistad, donde los amigos por más lejos que estén pueden pensarse y atraerse con el corazón.

Muchas personas a esa hora se les ocurre casualmente mirar el reloj.

–¡A mí, el ritual de la amistad me encanta! Es maravilloso sentir el calor que brinda la amistad en el universo.

–Y los seres que se fueron y ocupan nuestro Cielo en esas horas, le tiran rosas de sus jardines a sus seres queridos. Ése también es un bonito espectáculo.

–También hay otras tareas. Imagina que mucha gente se quedó enojada con quien partió y no supo que la otra persona se iba a morir y se quedó sin decirle cuánto la quería o sin que le pidiera perdón. En esos momentos ellos reciben esos pensamientos de perdón y de arrepentimiento y entonces se acercan a esa hora a esas personas y ellos le limpian el campo áurico, en el espacio que rodea su piel, y como un rayo de luz dorada recorren todo su cuerpo dándole luz y pidiéndole al maestro del Olvido que apresure el tiempo.

Este maestro es el más sabio de todos los maestros, es el que sana las heridas. Nosotros le decimos en el Cielo que a él nadie lo quiere porque nadie quiere esperar nada. Toda vez que les digas que deban esperar a las personas les parece una eternidad, algunas personas viven en el mundo de la ansiedad.

Los espíritus que están elevándose con el arcángel Gabriel de un plano a otro, están todos admirados por tanta inmensidad. Se siguen sintiendo pequeños en comparación de la naturaleza que se observa desde arriba, se ven los mares, los recortes geográficos, montañas y colores varios forman al redondo planeta, desde lejos se puede escuchar que ella emite un sonido particular.

–¿Qué es ese ruido tan agudo? —preguntó el espíritu de Florencia que paseaba por el Cielo.

–Es el sonido que emite la Tierra al girar sobre su eje. Cada planeta emite un sonido, el de la Tierra es el de la nota musical si.

Todos los planetas forman diferentes notas, todas están en el universo, por eso dicen que la música es el idioma universal y que todos formamos parte de una melodía perfecta.

Cuando tú estabas con vida y decías la palabra sí, estabas haciendo sintonía con la Tierra. Si había algo que deseabas la Tierra vibraba junto contigo, y los dos conspiraban para que el universo los escuchara y entonces lo que pedían llegaría.

–Entonces mientras nos elevamos lo que oímos es el sonido de la Vía Láctea. Incluso en este estado nos sentimos inmensamente pequeños al lado de tanta inmensidad.

–Es hermoso. ¿Todo esto es el paraíso?

–Esto es sólo una parte —dijo el arcángel—, las personas en la Tierra tienen lugares que son verdaderos paraísos.

El arcángel siguió con su ala a la cual iba elevando cada tanto, mostrando por los agujeros que debían pasar entre las nubes las almas que se elevaban para ascender de planos. Alzando su voz de espíritu dijo:

–Muchas personas saben leer el Cielo. ¿Sabes cómo se hace? Cada lugar en donde ves nubes blancas que forman un círculo en forma de espiral muestra el camino por el cual las almas van ascendiendo. Ellas siempre me tienen a mí para que las guíe.

Una de las almas preguntó algo que tenía en su campo mental:

–Una vez en una reunión de amigos ellos comentaron que el día que muriera tendrían que colocarme en una mano una vela para alumbrar mi camino y en la otra una rama con espinas para espantar los malos espíritus. Ahora me río porque todo eso era mentira, porque no he visto ningún infierno, no he sentido miedo ni ningún tipo de espanto. ¿Por qué no he visto nada que me haya asustado?

–¡Eso es parte del folklore humano! —dijo Gabriel muy seriamente—. Miren hacia atrás, ahí esta el arcángel Miguel custodiando el camino. Él nos limpia de las energías que no nos corresponden.

Pero si quieres preguntar si no hay forma de encontrarse con espíritus molestos, te diré que cada uno encuentra en este camino lo que se imagina encontrar.

Si mientras vivías le temías a la envidia y a la traición, lo más posible es que la atrajeras y la tuvieras como una amenaza permanente sobre tu nuca.

–¿Por qué sobre tu nuca y no sobre tus hombros?

–Porque la energía negativa, la que desgasta tu campo áurico, se encuentra en la segunda vértebra debajo de tu cabeza.

Y cambiando de tema el maestro preguntó:

–¿Cómo se sienten? Observen que ahí viene una ráfaga de viento fuerte. Déjense llevar por él, cuando éste pase volverán a estar juntos.

Y el viento se hizo presente.

–¡Qué maravilla! —gritaron los espíritus—. ¡Qué tal si bailamos un rock con la música que emite el viento furioso que hoy nos hace bambolear tanto!

–Claro que sí, ¡bailemos! Mira cómo el viento me hace girar y a girar se ha dicho. A que te pongas espíritu abajo espíritu arriba, ¡esto es superdivertido!

¡Ahí viene una nube de agua y otra más, vayamos bajo las

nubes de agua para refrescarnos. Mira qué linda es la lluvia desde aquí. ¡No necesitas paraguas!

–Mira lo que dices, si llevaras paraguas parecerías Mary Poppins.

–¡Uy, mira, viene un avión! Nunca había visto un avión desde el Cielo. ¡Parece mentira que vuelen con tanto peso encima!

Sabes, cuando yo vivía y viajaba en avión le hablaba a Dios porque creía que estaba más cerca de él. Entonces estaba más seguro de que él me escucharía como si le estuviera hablando al oído.

–¡Qué grande tu imaginación! Mira si Dios escuchara sólo los ruegos de los que viajan por el aire.

Vamos, sigamos ascendiendo, tenemos que llegar en el momento en que las compuertas del sexto Cielo se encuentren a punto de cerrar. Los ancianos que cuidan ese lugar son muy estrictos, no quieren que falte el orden.

XVIII

La vida de los maestros también es agitada. Todos cumplen tareas

Ellos son curiosos y quieren saber de ti, qué haces y qué dejas de hacer.

Miden tu luz espiritual y de esa forma se dan cuenta de cuánta fe eres capaz de cultivar en tu corazón.

Quizá tu luz no siempre sea brillante.

Quizá los maestros necesiten alguna cosa de ti.

Pero no te preocupes, ellos saben bien lo que hacen.

Mientras tanto, Camila recibe la visita de Damián. Ella estaba saliendo de su casa cuando lo vio cruzar la esquina. Llevaba un paquete en la mano.

"¡Está flaco!", pensó Camila. "Se le caen los pantalones, su cabeza calva lo deja muy fresco. Creo llegar a verle la mirada un poco dura. Creo ver sus ojos algo hundidos. Ahí viene, ¡qué alegría encontrarlo!"

Ella se baja del auto, lo abraza y casi sin querer le tira el paquete que tenía en la mano.

–Mira, te traje un pastel pero veo que ya te vas. ¿Llegué en un mal momento?

–¡Claro que no, siempre es buen momento para verte, para quererte, para hablar contigo!

–No llores, no llores —le dijo Damián al abrazarla.

–Déjame hacerlo, esto es muy fuerte. Le he pedido tanto

a mi Dios que te sane y a mi gurú también, el de la India, ¿recuerdas? Ahora no sé a quién agradecerle.

–Por las dudas le daremos las gracias a todos, pero yo vengo a agradecerte a ti, porque me has dado tanto amor. Y aunque el amor que me dio mi familia fue increíble, cuando alguien que no te conoce te cuida con tanta dedicación y amor como lo has hecho tú, eso tiene el doble de valor.

–No digas eso. Yo soy siempre así, pero contigo me ha pasado algo diferente. Sentí que no estaba ante un chico común y te vi muy sabio tomando de un modo increíble tu enfermedad. No sé si tu religión o tu forma de ver la vida fue para mí todo un descubrimiento, pero no creas que yo tuve que ver con tu evolución. La medicina también hizo lo suyo, no le quites mérito.

–Claro que no, pero creo que el amor todo lo puede y si a alguien le toca irse de este mundo y a esa persona le dieron amor hasta el último suspiro entonces todos deberían quedar en paz.

–Sin embargo, muchas veces veo en el hospital que hay mucha gente que muere sola.

–¿Sabes qué dicen en mi religión? Que cada uno se va como quiere irse. Yo tuve la suerte de quedarme, siempre me gustó la vida, aunque quedé bastante confundido con todo lo que me pasó en estos últimos tiempos. Lo de la visita del maestro, el verme fuera de mi cuerpo y escucharme gritar que tiraran ese cuerpo a la basura. ¿Eso no te lo he contado o sí lo he hecho?

–No, no lo sabía, pero te creo. El hospital está lleno de estas historias. Los médicos dicen que es producto de la anestesia, del encierro, de los medicamentos, pero la verdad no se sabe. Tú no habías pasado por ninguna experiencia así. Ahora que recuerdo los médicos le habían dicho a tus padres, estando totalmente seguros de los resultados de los estudios, que habían hecho todo lo posible para salvarte y cuando la última doctora, la jefa de médicos, dijo: "Lo siento mucho", entonces tú empezaste a gritar: "Estoy bien, estoy bien".

La doctora quedó blanca, no se desmayó porque no tuvo tiempo, pero creo que poco le faltó.

Damián miró hacia el piso. De sus ojos empezaron a brotar grandes lágrimas.

–¿Qué te pasa? —le preguntó Camila acongojada.

–Quisiera contarte algo, no puedo callármelo pero no se lo puedo contar a otras personas porque no sé si me creerían. Sólo te pido una cosa: si no me crees dímelo, no me ofenderé.

–Cuéntame, por favor.

–¿Recuerdas que te había contado que todos los días venía a visitarme un ser delgado luminoso, parecido a Jesús?

Él apareció para buscarme como habíamos quedado de acuerdo en la última visita. Entonces entró por el tragaluz, como siempre, se acercó flotando en el aire y de pronto estiró la mano y quiso tocarme la mía, pero no podía porque su mano era transparente. Sin embargo, podía sentir su calor. Pero grande fue mi sorpresa cuando me dijo: "Te daré la fórmula para sanarte, vamos, sigue mis instrucciones". Yo hice paso a paso lo que me fue indicando. Fueron unos minutos nada más. Cuando lo terminé de hacer se me empezó a deshinchar todo el cuerpo, comencé a sentir que el aire entraba por mis pulmones como si fuera la primera vez que respiraba.

Me tomé todo el aire de golpe, miraba mis manos y no podía creer cómo cambiaban de color.

Él me hizo un corazón en el aire con la misma mano que me había tocado y antes de irse me dijo: "Te dejo una tarea, haz esto con cada persona que se enferme". Y me dio una receta para sanar a las personas.

Y Camila escuchaba la narración tan emocionada que su piel se había erizado. Le dijo:

—Por favor, sigue.

—Cami, no sabes cómo se ve la vida después de pasar por una experiencia así. Ahora me veo en el espejo y me veo totalmente feliz.

Cuando algo así te pasa todo el entorno cambia. Mis padres se peleaban por dinero, por tonterías. Mi hermano no quería estudiar, mi abuela se quejaba de sus hijos y ahora cada uno ha cambiado de modo asombroso. Todos están en plena armonía y yo... —y Damián se quedó pensando y Camila lo interrumpió.

—Y tú tienes mucho camino por recorrer —le dijo.

—Claro que sí. Lo único que me queda es esperar un tiempo para estudiar o hacer algún deporte. Mientras tanto pensaré qué quiero hacer.

—¿Y qué quisieras hacer?

—Quisiera viajar. Cuando estaba por morir pensé en qué poco había viajado. Nadie tendría que irse de esta vida sin conocer el mundo, sin conocer a los otros hermanos de otras religiones, culturas, eso es vivir.

Además cuando partes de este mundo no te llevas más que sensaciones, lo que viste, lo que oliste, lo que gustaste, lo que tocaste.

La mortaja no tiene bolsillos, dice mi abuela.

—¿Y adónde irías?

—Quiero que me acompañes a la India, quiero conocer el lugar al que fuiste, el de tu gurú, el de los olores a sahumerios.

—Pero es que apenas llegué, y tú debes dejar pasar un tiempo para hacerte los estudios.

–Podríamos poner una fecha, porque recuerda que los sueños no tienen fecha de nacimiento, pero tampoco quiero ser viejo para hacerlo.

–No, claro, si tú fueras viejo yo te acompañaría desde otro lugar.

–Te ahorrarías el precio del viaje.

–Pero no sería lo mismo.

–No, seguramente que no. Desde cualquier lugar que viajes debe sentirse diferente.

Damián le pidió a Camila un cuchillo para cortar el pastel y le sirvió el té.

Luego tomó entre sus manos un portarretrato de sus hijas, las miró y le dijo cuán bonitas eran.

Ella, como madre orgullosa, le comentó que eran los motorcitos por los cuales vivía.

–Pero los hijos no son todo, necesitas un amor, alguien que te quiera de verdad, no puedes seguir sola.

–¿Qué sabes tú de la vida? Eres todavía muy pequeño —le dijo Camila.

–No te creas. Para vivir el amor no hay edades. Y además, recuerda que estoy por cumplir veinte años y que sé cómo se siente estar solo.

–Y quién te dijo que yo quiero estar acompañada.

–Bueno, no te enojes, parece que estás fóbica.

–No es que le tenga miedo a las relaciones, sin embargo, estando enamorado se sufre.

–Sí, pero también sirve para que puedas darte cuenta de que estás viva.

–Sí, es cierto. ¿Y tú qué sabes de estar enamorado?

–Nada, pero ahora que me dieron otra oportunidad me enamoraré nuevamente.

–Eso no se programa.

–Todo, Camila, todo se puede programar. Ésa es una de las recetas que me dio el señor del Cielo, el que me sanó.

–Podrías contarme la receta para sanar que te dio el señor que entraba a tu habitación, el visitante del tragaluz.

–¿Quieres saber de qué se trata?

–Sí, estoy ansiosa.

–¿Tú me creerías? ¿De verdad serías capaz de entender lo que te voy a contar?

–Pero qué dices, Damián, si después de vivir el milagro que has vivido, mejor dicho que hemos vivido, al verte renacer como el ave fénix, podemos creer cualquier cosa.

–Ok, entonces prepárate, abre bien tus orejas y tus ojos, porque no lo podrás creer.

Este extraño ser me pidió que esta receta trascienda y llegue a la mayor cantidad de personas, así que como ahora tengo una misión te estaré involucrando para que me ayudes a pasar de boca en boca esta receta.

Ahora necesito ir a mi auto a buscar un papel en el que anoté la receta que él me dio para sanarme.

XIX

Las almas gemelas siempre se encuentran

Las almas gemelas siempre se encuentran.
Hay un plan trazado para reencontrarlas.
La luz que generan cuando se funden es tan grande
que hasta aquí llegan los resplandores.

COMENTARIO DEL ÁNGEL CUPIDO

–Y estamos totalmente solos cuando necesitamos tomar decisiones, estamos totalmente solos cuando nacemos y solos andamos por la vida todo el tiempo, aunque muchas veces nos duela y no nos queramos dar cuenta y salgamos desesperadamente a buscar la otra mitad.

Con estas palabras terminaba el discurso la profesora de yoga de Camila:

–Recuerden: nacemos solos y solos morimos.

–¡Arriba, muchachitas! Ésta es la última respiración profunda. Y, ¡arriba!, acomoden las colchonetas y las espero la próxima clase.

Todos aplaudieron y se fueron a sus casas cargando nuevamente las preocupaciones que habían dejado en la puerta, pero esta vez sin tanta tensión.

Camila entró al hospital como todos los días, otra vez los ascensores se encontraban descompuestos. La gente en las salas de espera esperaban pacientemente su turno.

Pasó por la habitación en la que había estado internado Damián y vio a una niña con un respirador artificial y pensó en mandarle luz.

Pensó que esa habitación también había sido milagrosa.

Esta chiquita tenía en su mesa los santos que ella pensaba la iban apoyar en su periodo de recuperación.

Ella había ido a un concierto cuando el lugar se incendió con una bengala. El lugar se llamaba Cromagnón y allí habían muerto más de doscientos adolescentes y niños.

Ella era una víctima más.

"Me dedicaré a ayudarla", pensó Camila, "quizá sea mi misión. No me puedo quejar de la vida. Ya tuve un hogar, hijos hermosos, hago un trabajo que me fascina. Todo no se puede tener. Aunque el amor de pareja debe ser más difícil encontrarlo que sacarse la lotería. Mejor me dedico a mi trabajo y me olvido de pensar en otras cosas", se dijo ella para sus adentros, mientras le apagaba la luz a la niña.

Estaba llegando el fin de año, y esa fecha es triste para algunos, eufórica para otros, pero para los maestros espirituales esa época representa un cambio de calendario, algo que ni siquiera es real.

–Vamos —dijeron los maestros—, miremos cómo se divierten en la Tierra con los fuegos artificiales. Es hermoso ver a la Tierra encendida, de todos colores. Por qué será que todos los años festejan agradeciéndole al año que se va, recibiendo al próximo año que después despiden feliz diciendo: ¡qué suerte que se ha ido!

Son muy complicados, pero a la vez tienen una magia maravillosa, ¡son perfectos! Sí, y también incongruentes.

Y Agustín se despertó en su año nuevo. Llamó a su familia, pero ese día él tenía que trabajar. Lo esperaba un vuelo a Miami.

Era divertido festejar el primero de año en vuelo. Los tripulantes estaban siempre con otra actitud.

"Nada malo podría pasar este año", se dijo. Fue lo que sintió, sin embargo, le daba miedo pensar en el futuro.

Ya en vuelo brindó con las copas de plástico, y pidió los tres deseos que más anhelaba: paz, amor y saber cuál era su misión.

Miró al Cielo por la cabina y dijo mentalmente al mismo planeta:

–*Dios, desde aquí me escuchas mejor... dame una señal en algún momento... espero que no falte mucho para que me concedas tener a mi lado al amor de mi vida.*

No me regañes porque muchas veces no interpreté tus señales. Quiero estar más presente este año, ser un hombre con fe y disfrutar cada día de la vida. Prometo no dormir tanto, levantarme más temprano, llevar a pasear a mis hijos sin tener que sentirme cansado y reírme más. Sí, eso quiero, empezar a reírme más.

Mientras tanto, en el Cielo un alma que lo estaba mirando puso carita de lástima y dijo:

–Oh, ¿qué le pasa a ese muchachito del avión? ¡Desde aquí su campo aúrico tiene un color gris! ¿Y esa cruz que tiene en medio de las cejas qué es? —preguntaba para sí, en voz alta, el maestro.

Un ángel querubín que lo estaba escuchando le advirtió que ese muchacho era uno de los consentidos de ellos.

–Pero, Angelus, cómo puede ser que sea consentido si está sufriendo. Entonces mejor no miro a los que no consienten, me irán a asustar.

–No bromees, ya sabes que todos son nuestros consentidos, pero éste es nuestro espíritu mimado traduciéndotelo a tu idioma. Te diré que es uno de nuestros experimentos.

La señal que lleva entre sus cejas es una cicatriz en su campo etérico. Cuando nació no lo pasamos por la ley del olvido y como no nos resultó práctico para la vida que él estuviera con tantas experiencias, un grupo de maestros se lo borró, se lo sellaron con hilos de oro y plata de las estrellas de capricornio. Su campo áurico está gris porque así se pone la energía de la gente cuando está por enamorarse o por encontrar su misión. Ahora hay una gran parte del destino de Agustín que está en sus manos.

–Mira, maestro, eso sí no te lo creo. La mayoría de los destinos ya están escritos. Vienen las historias relatadas de otras vidas. No creo en eso de que el destino lo hacen las personas. El destino está escrito, antes de que nazcan sus vidas anteriores lo dicen. Si sabes que ellos eligen aquí no allá.

Y claro, el maestro decidió callarse. El ángel querubín algo de razón tenía.

Y entonces, en el planeta Tierra...

Yanum caminaba por la calle de la plaza mientras comía un helado y hablaba solo.

Agustín estaba llevando a la niña a su casa cuando vio a Yanum.

Y el hindú caminaba distraído, mientras le daba de comer a las palomas algunos pedacitos de pan.

Agustín se puso muy contento de verlo y se acercó a saludarlo.

Él se alegró muchísimo al verlo y le dio un abrazo y unas palmaditas en la espalda.

–*Hola, amigo* —dijo Agustín—. *Te presento a mi hijita.*

–¡Qué bonita eres! —dijo Yanum.

–*¿Qué haces por aquí?* —preguntó Agustín.

–Estuve buscando uno que otro trabajo y sólo hice algunas tareas, a mis primos no los encontré. Regresaré a mi país. Ya hice mi trabajo aquí. Cumplí con lo que debía hacer, no me queda nada pendiente.

–*¿Pero tú no dices que tu trabajo aquí fue insignificante?*

–El trabajo material que realicé aquí sí fue sin importancia, pero el espiritual fue maravilloso.

–*¿Tú has hecho un trabajo espiritual? ¿Cómo es eso?*

–Bueno, es algo muy íntimo, quizá más adelante te lo contaré. Seguramente en algún vuelo que hagas irás a la India. Si bajas en Bombay me podrás visitar.

No es muy bonito pero si lo miras con el corazón encontrarás belleza en todos los lugares que recorras.

Agustín sacó del bolsillo el talismán del amor que una vez Yanum le había regalado y que ahora él le estaba devolviendo.

–¿Qué haces, estás loco? ¿O acaso te has enamorado?

–*No, todavía no* —dijo riéndose Agustín.

–Entonces espera un poco, y ya verás. Dame tu mano izquierda —Yanum observó el trazo de las líneas y dijo—: Tienes unas líneas muy especiales, no se puede ver bien la de la vida, pareciera que está como borrada, pero sin duda debe estar o no estarías aquí hablando conmigo.

–*A lo mejor soy un fantasma* —dijo Agustín.

–No digas eso, sabes que no lo eres. ¡Mira!, tienes la estrella de David marcada en la palma. Eso indica que tienes una misión especial para las demás personas, una misión poderosa.

–*¿Y cómo podré saber cuál es?*

–A ver, déjame tomar tu mano más de cerca para poder

ver mejor. Tienes una misión que pronto estará revelándose. Sólo tienes que seguir las señales.

–*¿Qué señales?* —preguntó Agustín.

–Las que se te presenten. Todo lo que vivas en estos últimos tiempos son señales. Léelas, este impulso que sientes por conocer un gran amor es otra señal.

Tienes un alma gemela que te hará sentir inmensamente feliz, pero cuando la encuentres por favor no te fundas en ella. Las personas pierden el camino cuando se meten en el camino del otro. Cada persona es una naranja entera, no una media naranja. Hasta tu alma gemela tendrá que ser independiente de tu vida. Cada cual tiene que respetar los gustos y los valores del otro. Nada de enamorarse caprichosamente, al amor lo tienes que dejar ser como es. Nada de querer cambiar a nadie. Nadie cambia totalmente de raíz, los árboles son todos iguales, pero no puedes comparar la madera del árbol de roble con la de pino. Te soltaré la mano para que arranques el auto —dijo Yanum.

–*¿Tú eres vidente? ¿Quién te enseñó a leer las manos?* —le preguntó intrigadísimo Agustín.

–Me enseñó mi abuela. Todavía vive, tiene noventa y siete años y sigue leyendo las manos y ¡sin anteojos! Mi abuela vive muy humildemente en la India, precisamente en Bombay. Ella dice ser muy feliz, todo lo que soy y sé se lo debo a ella. Me enseñó algunos idiomas, conceptos básicos de religiones, historia y sobre todo a amar la vida.

Me comunico con Dios todas las noches y él me contesta.

Hablo con mi ángel y él me contesta.

Hablo con mis maestros y ellos me contestan y entonces...

Agustín abrió la puerta de su auto y preguntó:

–*¿Y qué más dice mi mano? ¿No dice que soy un idiota por inventarme historias?*

–Quizá te las inventaste, pero seguramente éstas sirvieron para sentirte bien. No te arrepientas nunca de lo que sientes cuando sientes. Ahora, amigo, te hará efecto el talismán —dijo Yanum un poco en serio, un poco en broma.

Agustín recordó que tenía el talismán en el bolsillo de su abrigo, así que lo sacó y se lo colgó del cuello.

–¡Te queda bonito!, ¿te diste cuenta de que su diseño es muy raro?

–*No estoy acostumbrado a colgarme nada, pero si es para encontrar el amor me colgaría un edificio entero.*

–No seas exagerado, Agustín, ya sabes que no es cuestión del talismán. El amor siempre aparece cuando estás atento.

Pero mejor ahora que estés atento al tráfico porque te metiste en sentido contrario.

–*¡En sentido contrario! No me di cuenta.*

–A veces nos metemos en sentido contrario en la vida y no nos damos cuenta hasta que alguien viene y nos choca.

Y los dos soltaron una carcajada que duró unos cuantos minutos.

Mientras tanto, en el Cielo los maestros miraban a Agustín muy preocupados de cómo perdía tiempo en su vida.

–Da vueltas y está siempre en el mismo lugar —dijo el maestro del Tiempo.

–¡Déjenme opinar a mí! Muchas veces las personas se detienen en su camino, otras pueden dar un paso atrás, pero a veces detenerse también es avanzar y eso es lo que está haciendo nuestro amigo Agustín. Por favor, déjenlo en paz. ¿Qué es lo que los tiene a ustedes tan inconformes con él?

Y los maestros callaron y uno de ellos tiró un manojo de estrellas de Jerusalén para regalarle a Agustín, esto le daría alegría a su corazón.

XX

Hay tantas recetas mágicas como personas.
Pero magos sólo hay uno,
y ése eres tú

Todo mago maneja de maravillas los cuatro elementos:

El aire en el aliento.
La Tierra en el cuerpo.
Agua en la sangre, y
fuego en el espíritu.

Camila estaba en la puerta del hospital desde muy temprano, no la dejaban pasar porque había una protesta por aumentos de salarios, todos en huelga. "¿Y los pacientes, no piensan en ellos?", reflexionó Camila.

"Otra vez esto, hasta cuándo", se preguntó. Camila ya venía muy cansada de la vida. Ser mujer en estos tiempos implica hacer mil cosas a la vez: madre, padre, hija, profesional, mujer, etcétera.

"Liberación femenina", rumió Camila. "Mientras tanto estaré aquí, atrasaré todo mi trabajo, me iré tarde a mi casa, no sé qué le haré de cenar a las niñas, no podré ir a tomar mi turno con el dentista, ¡otro día perdido!"

Y ella esperó con paciencia el momento adecuado para entrar al hospital.

Llegó a su habitación, se preparó un café, olía rico, y se interesó por las novedades de sus pacientes.

No habría nada que le diera tanta alegría como tener que darles el alta.

Como también le molestaba cuando tenía que avisarle a alguien que debería quedarse internada.

Camila terminó cansada el día pero tuvo una sorpresa, la madre de una paciente le regaló un osito de peluche que tenía un cartelito que decía "gracias". Además la hija de esta señora no dejaba de sonreírle. Llevaba tan sólo dos horas de estrenar su maternidad, se sacó un dije que parecía una pirámide y le dijo:

—Aquí tiene doctora para que se acuerde de mí, de todo lo que luché para poder llegar a este maravilloso logro, el más preciado de mi vida.

Ahora, cada vez que usted lo lleve le recordará que trae suerte a todos los que se esfuerzan por salir adelante.

—Gracias, Paty, eres muy amorosa. Claro que te recordaré. ¿Qué es este dije? Es precioso por donde lo mires. ¿Es de aquí, quiero decir, de este país?

—No, es de la India, me lo regaló mi madre. A ella también se lo regaló una mujer que dijo ser algo así como un ángel.

Tú también eres un ángel, estamos llenos de ángeles. Cuesta encontrarlos entre tantos ángeles caídos.

—No seas mala —le dijo Camila a su paciente—, las personas somos todas buenas.

—Bueno, pero hay algunas más buenas que otras.

Y Camila fue rumbo al auto caminando sin prisa, ya los nervios se le habían pasado. No había más que preparar la cena y esperar a que las niñas llegaran de la casa de su abuela.

Se dispuso a cocinar algo rico para sus pequeñas. Mientras elegía los ingredientes y se colocaba el delantal iba sosteniendo un diálogo interno: después de lo que le había sucedido con Damián, después del gran milagro que vivieron en el hospital, después de haber llorado porque su pacientito tenía tan sólo horas de vida, ya no habría ningún problema que la perturbara. Sólo un poco de agujeros negros en el corazón por no encontrar un amor que le diera las caricias que a ella muchas veces le solían hacer falta.

Ella continuó con su rutina del día a día.

Y recordó el último tema de conversación que le había dado días atrás en la plaza ese extraño señor:

—Sería bueno que te dieras cuenta de los efectos colaterales de la vida —le había dicho el buen hombre.

—No entiendo qué quieres decirme —dijo Camila algo confundida.

—Tú como médico debes mirar los efectos colaterales que tienen los medicamentos, ¿no es así? —volvió a preguntar el hombre.

—Debería hacerlo —agregó Camila.

—Pues así puedes evaluar los beneficios y perjuicios de cada medicina. Pero si no te informas que éstas podrían estar haciéndote mal y tú no lo sabes, entonces corres riesgos de que sea peor el remedio que la enfermedad.

Por eso sería bueno que cada vez que quieras hacer algo, o al empezar una relación con alguien, evalúes los efectos colaterales.

Así evitarás sorpresas desagradables que puedan suceder en un futuro.

Si no sabes qué está sucediendo en tu cuerpo, en tu mente y en tu alma, ¿cómo sabrás qué te está ocurriendo en el aquí y ahora?

Mide las consecuencias y estarás más preparada para que, pase lo que pase, aceptes lo que acontezca y te puedas preparar como un guerrero de paz para cada lección que tengas que atravesar.

Ella recordó esa conversación como si la estuviera reviviendo aquí y ahora, y hasta podía verse en su recuerdo contestándole a ese extraño hombre.

–Yo nunca miro los efectos colaterales de los medicamentos. Si no, sería imposible recetar. Y menos podría encontrar los efectos colaterales, aun los de la vida —se dijo en voz alta, mientras seguía recordando la conversación:

–¿Y te va bien sintiendo de ese modo, sin pensar en riesgos? —le había preguntado el extraño.

–A veces bien, otras veces no tanto.

–Quizá si tomaras algunas medidas podría irte mejor, ¿no te parece? Déjame darte este último consejo, luego tú decidirás cómo te tomas la vida.

La vida te presenta posibilidades buenas o malas, depende de lo que interpretes de ella.

No hay forma de vivir en las buenas constantemente, porque hasta el beneficio constante nos hace mal y hace que dejemos de cultivarnos.

Observa, Camila, que todo lo que estás por emprender tiene una receta de cómo hacerlo, pero tú no la sabes. Tienes que adivinarla. Quizá te puedas saltar algún paso que no sea importante y el resultado sea el mismo, pero quizá te saltes otro o agregas otro y el resultado es pésimo comparado con lo que esperabas.

Entonces tienes que adivinar la receta de cómo hacer. Pero como no sabes cómo hacerlo, para no equivocarte debes trabajar con tu intuición. Ella no te fallará jamás. Pero si te cuesta darte cuenta de cuál es esa intuición, entonces tus proyectos serán un fracaso.

Al día siguiente Camila se despertó con mucho sueño, sus ojos no parecían responder a su idea de abrirlos.

Suspiraba una y otra vez, estiraba los brazos.

Estaba sintiendo la soledad, ese sentimiento de pobreza absoluta para cualquier ser humano.

Mientras tanto, en el Cielo...

–¿Qué están haciendo? —murmuró un guardián del Cielo y los ángeles miraban el mundo por medio de una esfera de cristal transparente.

Ellos se sobresaltaron un poco y le contestaron al maestro:

–Estamos aquí sin permiso, sólo por la curiosidad de saber sobre una persona.

–Ustedes no están autorizados para hacer esto, por favor no lo vuelvan a repetir. En el Cielo todos los que lo habitamos guardamos cierto orden con las misiones. Tú sabes que el orden es nuestro mayor tesoro y alterar trabajos celestiales nos haría entrar en cierto caos que no deseamos tener.

–No fue nuestra idea molestar, sólo espiábamos, ya nos vamos. Es que el maestro Gastón está hablando con el alma de Camila, le está dando la receta para que logre un cometido y ella la está captando. No nos pareció adecuado que se cortara esa vibración tan bonita. Luego nos iremos, ahora déjanos disfrutar de esta conexión maravillosa que ha realizado el maestro.

De pronto un coro de ángeles se reía a carcajadas, entre chillidos y silbidos se hacían ecos en el Cielo.

Ellos estaban todos flotando en una nube grandota rosada.

El ángel de Camila tenía el libro de su vida en la mano, y algo que estaban leyendo les había causado mucha gracia.

–¿De qué se ríen? —preguntó el maestro Gastón—. ¡Eso no se hace! No se curiosea sin permiso.

Los ángeles lo miraron riéndose de él.

–Mira quién habla —dijo el ángel de Camila—. Hoy es el día en que podemos hacer travesuras y ésta es una. Hoy es nuestro día, es 24 de octubre en la Tierra. Y tú sabes que ese día todos los ángeles miramos el libro de la vida de nuestros consentidos. Como ángeles de la guarda tenemos ese privilegio y nadie se puede interponer entre nosotros este día.

–Ah... perdón, había olvidado este aniversario, felicidades angelitos. ¿Podría yo saber de qué se trata el libro de tu consentida, ángel?

–¡Claro! Mira, te describiré un día de ella así tienes el gusto de conocerla. Se levanta a las seis de la mañana, despierta a sus niñas, las manda a bañar, prepara el desayuno mientras deja organizado la comida y la cena.

A primeras horas de la media mañana mira los cuadernos para firmarlos y controlar si hay compras escolares que hacer.

Llama a su madre y a su hermana para ver si necesitan algo, mientras desayuna y se termina de pintar los labios atiende el radio-llamado de algún paciente. Mientras se pone los zapatos va cerrando su casa. Carga las mochilas de sus niñas en su viejo auto y se marchan rumbo a la escuela, después de haber dejado comida a sus queridas mascotas.

Deja las niñas en la escuela con la vianda de comida que preparó el día antes a la una de la mañana, mientras esperaba que su lavadora terminara el programa.

A esta altura de la mañana ya había tomado su tercera dosis de las flores de Bach.

Entraría al hospital, haría recetas, controlaría enfermos y estaría comiendo algún yogurt para el mediodía.

Luego, por la tarde estaría yendo a buscar a sus niñas para ayudarlas con la tarea, atendería la llamada de sus amigas, prepararía un trabajo para presentar en una conferencia que hacía años estaba queriendo dar.

Y correría al gimnasio para realizar cuarenta y cinco minutos de actividad física. A esta altura ya estaba por la quinta toma de flores de Bach. Tendría que haber ido a la peluquería pero ya habría cerrado. Llamaría a su tía para que la peinara.

El padre de las niñas las pasaría a buscar el fin de semana, mientras de vez en cuando la criticaba diciéndole que ella no sabe ponerles límites a sus pequeñas.

–Entonces —agregó el maestro—, ¡ustedes se están riendo de ella!

–Es que nosotros no entendemos la liberación femenina.

Ella dice que no le alcanza el día. Será que no sabe que tiene veinticuatro horas.

En el Cielo hay cosas que no entendemos, pero de lo que me doy cuenta es de que cuanto más estudiamos a las personas más nos preocupan.

Aunque Camila es genial, tiene una energía muy bonita y no se cansa nunca, tiene una resistencia increíble.

–Pongámonos a trabajar —dijo un maestro muy pequeñito y luminoso—. La ayudaremos con las ideas de su conferencia, llamemos a sus musas inspiradoras para que la acompañen.

Y en la Tierra...

Agustín dio vueltas y vueltas en la cama. Ni una sola idea coherente le dejaba cerrar los ojos.

Miró el reloj una y otra vez. Cada cinco minutos lo miraba y las horas parecían detenerse por momentos.

No podía olvidar todo lo que le había sucedido en estos últimos tiempos, y lo solo que se sentía.

Así que también pudo acordarse de la cara de Yanum, una cara muy especial y una bonita persona. Entre esos grandes y pequeños recuerdos se acordó de la hermosa mujer del aeropuerto, y pensó en cómo hubiera cambiado su historia si quizá se hubiera atrevido a pedirle su teléfono.

Camila también estaba preocupada porque no podía encontrar sus papeles para la conferencia.

Solía citar un dicho que le ayudaba a encontrar sus cosas: "Cuando María perdía sus cosas, ¿dónde las pondría?", y con eso siempre aparecía lo que buscaba.

Mientras se preparaba un café se miró la palma de la mano y recordó la charla con el señor de la plaza. El hombre que le había pronosticado que pronto conocería al amor que le había anticipado.

En la casa de Agustín estaba apenas entrando el sol por la ventana de la sala.

Ya era la madrugada y Agustín seguía sin dormir.

Éste era otro día más en el que se hacían presentes las responsabilidades cotidianas.

Y Camila iría a supervisar los resultados de algunos pacientes.

Era una mañana muy fría pero a pesar de eso el sol estaba radiante. Ella llegó al bar del hospital, encontró tirado en la silla en la que se disponía a sentarse un papel que decía: "Vete detrás de tus sueños".

Y entonces ella se preguntó cuál era su sueño mayor y, como tenía muchos, pensó por cuál empezaría.

Y le pasaron por la cabeza imágenes de un viaje, de un trabajo, de nietos y, por qué no, de un buen amor.

Y miró la hora y decidió llamar por teléfono a Damián; le inquietaba saber cómo se sentiría.

Luego se fue a su casa, apresurando la salida del hospital.

Pensó en que se iría de viaje unos días antes de que comenzaran sus conferencias.

Agustín se levantó y se fue al aeropuerto.

Estaba más animado que nunca, sabía que algo bueno estaba por suceder. Lo presintió de un modo muy concreto.

Y así fue, el viaje que le designaron estaba en la India. Pensó que quizá podría ir a ver aquel templo tan especial que ansiaba conocer. Así que tomó su ropa de verano y pidió permiso para quedarse unos días en un Ashram.

Mientras tanto, en el Cielo...

Ese maestro que cumple la función de ser el secretario privado de Dios, había llamado a una junta a la que sólo podían asistir guardianes y maestros ascendidos.

El evento se haría en el castillo. Banderas de todas las religiones adornaban su frente.

Las torres del castillo tienen estrellas titilantes.

La música de Vivaldi era la preferida de quienes habitaban el castillo.

Los jardines que custodiaban la entrada tenían la réplica de los jardines más hermosos del mundo.

Las torres más altas estaban adornadas con nubes plateadas y doradas.

Nada era más increíble y bello que las reuniones del castillo.

Una carroza estacionada en el costado derecho del castillo era la encargada de trasladar a los maestros ascendidos.

Esa misma carroza había transportado a ciertas figuras famosas de algunas religiones, cuyos cocheros las habían hecho llegar al Cielo por algunas geometrías sagradas que el Cielo forma en cada espacio del universo.

Ángeles regordetes flotaban por encima de la entrada principal alabando con sus cantos y sus trompetas.

Las columnas del castillo tenían grabados en todas sus caras los símbolos de cada cultura de la Tierra.

El paisaje del castillo mostraba algo de nieve en las aristas de las torres.

Había días en los que el paisaje tenía alguna semejanza con Suiza.

Todas las huestes celestiales decidieron salir al mismo tiempo para llegar en el momento indicado.

Todos los maestros se vistieron de los más bellos colores.

Al ser de luz más querido por los distintos cielos le pidieron prestado su perfume de rosas marianistas.

Y luego de disfrutar de su aroma, salieron a cumplir con el gran encuentro.

Las puertas del castillo comenzaron a abrirse mientras ángeles y tronos tocaban sus trompetas.

Todo anunciaba que ya era la hora del gran encuentro.

El piso del castillo tenía colores dorados.

El largo trayecto conducía al salón principal.

El sillón sagrado era inmenso, brillante e imponente.

El maestro brillaba como un sol y su energía impregnaba de amor al Cielo.

Todos los seres del Cielo formaron fila para saludarlo y esperar su bendición.

Él hizo una señal con su luz y comenzó la plática telepática, una charla bonita, amorosa y grandiosa. Sin embargo, a pesar de que habría dicho algunas palabras un poco duras, se notaba que la luz del maestro emanaba amor por dentro y por fuera.

–Yo, como enviado de Dios, todo lo sé. Sin embargo, ésta es una revisión que tendrán que hacer ustedes.

¿Qué está pasando con ustedes? ¿Por qué no hay orden en el Cielo? ¿Por qué abren los libros de las personas y luego no los ponen en su lugar?

¡A quién se le ocurre dejar que nuestros maestros espíen sin permiso la vida de los humanos!

Los ángeles viven de fiesta en fiesta, ellos se distraen fácilmente, se despistan junto a las personas, y aprovechan que los humanos no les exigen nada. Así que casi no tienen trabajo y se han hecho unos flojos.

Estuve observando todo y mi pregunta principal es: ¿por qué borraron la memoria celestial del alma de Francesco? Quisiera saber si serían capaces de decirme quiénes lo hicieron.

Los maestros se miraron entre sí con los ojos del alma.

–Bien, sé su argumento pero aquí cuando mandamos espíritus sin señal del olvido, no se la borramos. Saben que más de setenta por ciento de la población terrestre tiene esa información. En el caso del espíritu de Francesco, ustedes se encargaron de cambiarlo creyendo que él estaba apegado a este lugar, pero no se trata de apegos sino de estrategias. Él perdió su misión y está perdido en el mundo.

De Rosario tengo entendido que se llama ahora Camila y que está en las mismas condiciones de confusión. Ella pasó por la ley del olvido y, sin embargo, está igual que Agustín.

Vamos a hacer algo ahora mismo

Los mismos maestros que le borraron su memoria ancestral harán todo lo que tengan que hacer para que Agustín la recupere.

–¡Es que no sabemos cómo se hace! —dijo tímidamente el maestro del Tiempo.

–Cuando hay voluntad hay forma —dijo el amoroso maestro y agregó—: si lo deseas lo puedes hacer.

Esta vez no los ayudaré. Y les dejo una misión: por favor no hagan más estas cosas. Saben que no los mandaré al infierno porque no doy castigo —dijo serio el maestro—. Pero si no cumplen los mandaré como seres humanos a la Tierra y entonces serán libres y podrán hacer y deshacer a su gusto. No olviden que las personas escriben su vida en un papel borrador hasta que pasan muchos años en sus vidas y entonces las experiencias les hacen pasar la vida en limpio. ¡Les ordeno que dejen de hacer travesuras! Estas personas necesitan un respiro.

Ah, lo olvidaba, tengo para darles un listado para que forme parte de sus actividades.

–Maestro, por favor no se vaya, no nos deje así... Le juro que no sé cómo devolverle la memoria a Francesco, bueno, ahora se llama Agustín, el único que puede ayudarme eres tú.

Tú tienes esa información de vidas pasadas. Eres el señor Destino, tienes fechas para encontrar misiones, patrones de conducta, signos y planetas. Sin toda esa información, ¿cómo crees que podremos hacerlo?

La duda que tengo, maestro y amigo, es ésta: toda esa información es como un cuaderno de historia.

Pero no tengo el modo de hacer algún cambio.

Sabes que todos trabajamos en equipo, no podemos hacer nada solos.

Tú entiendes, ¿no? Desordenar lleva menos tiempo que ordenar.

Entonces se me ocurre una idea: por qué no consultamos los registros akáshicos de Agustín. Si cada momento vivido está escrito, el modo en que él transitaría su vida junto a su alma también debe estarlo.

Entonces también debe decir cómo recuperará su memoria.

–Pensándolo bien, tienes razón, pero no olvides que no tenemos permitido entrar sin el permiso necesario.

Solamente estamos involucrados los que le hemos borrado la ley del olvido.

–¿Entonces qué haremos?

–No lo sé. Yo no pienso transgredir ninguna regla —dijo el maestro.

Pero el otro maestro no se resignaba a dejar las cosas así. Entonces se atrevió a decir:

–Ya sé. Si le pedimos a su ángel que lo mande a alguna terapia de regresiones de vidas pasadas, entonces él se enterara de todo.

–Es una lindísima idea, pero tampoco es posible. Sabes que los ángeles no pueden mandar a las personas a ningún lugar si ellas no se lo piden, y además Agustín es incrédulo. Por más que algún terapeuta le haga revivir una historia pasada, él seguirá dudando. No olvides que las personas dicen creer en todo, pero en cuanto les llega el momento de creer, no lo creen.

Aunque acudamos a su carta astral no encontraremos ningún ritual para modificar esta elección.

–Entonces ¿qué haremos?

De pronto el maestro de la Eficiencia apareció volando tirando estrellitas doradas a todos lados y con muy buen tino ofreció su ayuda.

Dijo que podría ser factible modificar esta situación si se recurría al libro de la vida de Agustín o Francesco, para el caso era el mismo libro.

–Pero nos tendremos que arreglar solos, eso es lo que le escuché decir al maestro de la Noche.

–¡Vengan! ¡Vengan! —gritó un arcángel—. Dejen lo de Agustín para más tarde. Ahora disfruten que se armó la fiesta en el Cielo. El maestro del Destino nos dijo que teníamos la tarde libre y se armó la fiesta en todo el Cielo, miren...

Y los maestros se pararon sobre una nube rosada y le dieron a ésta orden de que bajara hasta que llegaron a la ciudad de cristal, una ciudad que también se llama la ciudad del amor.

Todo espíritu que llega en algún momento de su estadía en el Cielo tiene la suerte de entrar ahí.

A veces hay filas de espíritus esperando a que llegue su turno. Ellos no saben para qué fueron llamados a ese bendito lugar.

La cuestión es que el lugar es hermoso, sus destellos rosados se mezclan con rayos verdes y amarillos.

Un aroma muy suave como a jazmines envuelve el lugar y las nubes parecen de peluche.

Los espíritus merodean por las ventanas, apenas se pueden observar por ellas algunos cirios y candelabros.

Niños de todas las edades y de todas las religiones van a colocarse en la fila.

Ellos entran primero que todos, son los privilegiados de Dios.

Cuentan siempre los maestros que cada niño que entra en el Cielo fue anteriormente elegido por las vibraciones más altas y luminosas del Cielo.

Fueron extraídos y se les ha llamado a este plano por ser almas sabias y almas viejas. Éstas son viejas por haber tenido muchas vidas anteriores.

–Claro que padres y demás familiares no confían en nosotros.

–Los padres muchas veces sólo reniegan de su suerte y se colocan en contra de nuestro y bien amado Dios.

–Y aunque en la Tierra este dolor no se comprenda, estos niños se necesitan más aquí que en la Tierra; necesitamos más guardianes para cuidar el mundo.

En tanto, en este lugar el otro día se escuchó este diálogo, comentó el maestro Destino al maestro de la Perfección:

–Oye, ¿de dónde eres?

–De la Tierra, ¿y tú?

–Yo también. Te preguntaba de qué continente eres.

Y el niño en cuanto su voz espiritual iba a vibrar para contestar, fue interrumpido por un maestro que se acercó a la puerta del recinto. El maestro entró e hizo una señal sacándose de su cabeza su corona de corazones.

–¡Adelante, almitas de luz!

Y todos los niños levantaron sus alitas y entraron contentos y radiantes, se sentaron en forma circular sobre una gran nube naranja.

Dejaron que el maestro se sentara en el centro de la ciudad del amor y le cedieron gustosamente la palabra vibratoria.

–Almas queridas, hoy las he mandado a llamar para darle a cada una la misión que les toca realizar para los humanos.

Algunas se repetirán, pero todas son importantes y trascendentes. Sólo necesito que me den sus fechas de nacimiento de la vida que acaban de dejar y el día en que partieron de su cuerpo.

Y luego las misiones fueron repartidas. Ellas estaban escritas en papel de chocolate.

Todas las almas del lugar recibieron una burbuja de esencias dulces de regalo.

Otras recibieron esencias de sus comidas preferidas o de

sus antojos más deseables. Pero una de esas almas se quedó quietita, muda y pensativa, tenía rayos multicolores en su aura.

"Uno de los maestros espirituales lo sintió mal, quizá esté un poco aturdido", pensó el maestro.

Pero el niño, leyéndole la mente al maestro, le explicó:

–Ves esta burbuja de esencias, se parece a los chocolates que me compraba mi mamá a la salida de la escuela.

La verdad, ella por momentos me da lástima.

Cree que la acompaño en sus quehaceres y por momentos se pregunta dónde estarán mis pensamientos, adónde van mis sueños, qué se habrá hecho de mis recuerdos. Una y otra vez piensa esto, más de una vez su llanto apaga la luz de mi vela.

El maestro, mientras escuchaba a su amiguito, preguntó:

–¿Extrañas?

–La verdad, la verdad no. Pero sé que mi madre sí lo hace. Y eso me parte el alma aunque sé que el alma sólo se parte para formar su alma gemela.

–¿Ya te le apareciste en sueños? —preguntó el maestro.

–No, todavía no lo he podido lograr. Es tanta su ansiedad por soñarme que cuando estoy por entrar en el centro de su cabeza su ansiedad se transforma en un viento fuerte que me jala hacia aquí.

–¡Ah, me lo imaginaba!

Tú sabes que todas las almas parten con sus emociones, con sus pensamientos y recuerdos totalmente intactos. Tú sabes que sólo se deja el cuerpo. Pero el cuerpo es el cuerpo y el alma es el alma.

–Pero ¿qué hacer con mi madre y su ansiedad?

–¿Qué ansiedad? —dijo el alma de luz riéndose—. ¡Tú sabes cómo hacerlo! Sigue intentando entrar en sus sueños, en algún momento se calmará su ansiedad.

–Bien, ahora dime su nombre. Se lo grabaremos en esta cajita de cristal y te la llevarás a tu habitación.

El maestro prendió algo así como una televisión tridimensional y le mostró la figura de su madre.

–¿Es ella, es tu madre?

–Sí —dijo el alma del niño sollozando de emoción—. ¿Es bonita, verdad?

–¡Claro que sí! Te mostraré algo. Mira, ésta es una vida anterior a la tuya. ¿Te reconoces?

–Algunos rasgos se parecen a los de ahora.

–Mira, ¿es ella tu madre?

–Sí, nuevamente aparece, ¿no es así? Sí. ¡Pero está más joven!

–Es que no es tu madre en esa vida, en esa vida es tu hermana. Mira, adelantaré la película. Aquí tienes cuando ella te abandonó y partió hacia el Cielo. Se repite la historia, pero al revés.

–¿Siempre es así?

–No siempre.

Y el maestro le mostró la última fotografía que le habían sacado desde el Cielo a su madre.

–Toma. Te la regalo. Colócala donde quieras.

–La pegaré en el respaldo de mi nube rosada junto a mi muñeco preferido.

–¿Tienes un muñeco en el Cielo?, ¿cómo lo hiciste?

–Sólo entré a mi casa, tomé el juguete para ver qué se sentía. Al ser espíritu, y sin querer, se me pegó en el alma y aquí está.

–¡Qué divertido! Entonces, ¿tienes el don de hacer desaparecer las cosas materiales? Pensaré alguna que otra misión para ti.

–No me mires así, maestro, me encuentro perdido.

–Recuerda que no estás perdido.

Mientras tanto, los maestros en el Cielo estaban más desconcertados que nunca.

–A ver, piensa, haz algo —dijo el maestro—. Pero algo ya, cada día que perdemos es un año de las personas.

Y el maestro Destino se fue solito a hamacarse entre las nubes. Pensó, imaginó y sintió qué hacer con la memoria de Agustín.

Fue a ver al maestro de las Luces. El mismo que había colocado en el centro del arco iris el alma de Francesco.

Pero el maestro de las Luces había vuelto a nacer y lo estaba reemplazando un maestro regordete y muy alegre. Cuando el maestro le contó lo sucedido éste se empezó a reír a tal punto que el aire que expulsaba al reírse movía las luces del faro del Cielo haciendo un juego de colores con la luna muy llamativo.

–¿De qué te ríes?

–Ustedes están locos. Si a una alma no se la pasa por la ley del olvido en esa vida no se le puede alterar lo ya codificado.

–¿No me ayudarás?

–No me atribuyas tus preocupaciones. Yo no tengo la culpa de sus acciones. Sólo déjame darte un consejo: por qué no dejas en paz a tu querido Agustín.

Si pasó por la ley será para algo. Y si a alguien se la borran, también es por algo. Por qué no dejas fluir esto y terminas.

–Es que son órdenes y las órdenes no las debemos evadir.

–Ok. Y entonces, ¿qué harás?

–No lo sé.

–Pues bien, yo me iré y cuando aparezca el maestro Técnico te avisaré, si para tu regreso no has abandonado la idea. Hazme caso, déjalo en paz.

XXI
Tú sabes volar

Tú sabes volar.
Por qué caerse y arrastrar las alas
cuando podemos tener tanto Cielo arriba.
Si miraras hacia atrás, podrías darte cuenta
de cuánto pudiste desplazarte.

Mientras tanto, en la casa de Camila...

Camila estaba muerta de sueño preparando su conferencia para su congreso.

Después de acostar a sus niñas e irse a dormir pensó en Agustín y apenas se acostó, soñó con el encuentro del aeropuerto.

"**Quizá lo encuentre**", se dijo unos minutos antes de despertarse totalmente.

Esa mañana se dispuso a llamar por teléfono a su querida amiga Xóchilt y le comentó el sueño que había tenido.

Su amiga no dudó en darle ánimo y un poco en broma y un poco en serio le volvió a decir: "El amor no se busca, el amor aparece pero ayuda a Cupido, amiga".

–**Cuéntame cómo está tu familia** —le preguntó Camila a su amiga, un poco cambiando de tema.

–**Muy bien** —dijo Xóchilt mientras sacaba del fuego unos huevos revueltos—. Ya sabes, Víctor da trabajo pero yo también lo doy. Ya hace quince años que soy feliz con este bendito hogar. Tú qué crees, amiga, que no hay parejas lindas, sólo que no son perfectas. A mí no me hace feliz verte sola, pero es preferible que estés sola antes que mal acompañada —en eso su amiga pegó un grito y continuó diciéndole—: Te dejo, amiga, otra vez se me volcó la leche. Bye.

Y Camila cortó la llamada que había realizado y acomodó su cartera.

"Nunca encuentro nada", se dijo a sí misma. Mientras, seguía quitando papeles y papelitos. "Esto es un desastre", se dijo, y sin querer tocó algo frío en el fondo de su cartera. Qué alegría, era su pirámide, esa que le había regalado la muchacha del hospital. Había aparecido como por arte de magia cuando ya creía que la había perdido.

–Buscaré una cadena y me la pondré —dijo en voz alta y animada.

Volvió a sonar el timbre del teléfono, corrió para llegar antes que la llamada se cortara y grande fue su sorpresa cuando del otro lado escuchó la voz de Damián.

–Hola, Camila. ¿Cómo estás?

–Yo bien. ¿Y tú?

–Como nuevo, doctora. Te llamo porque soñé que te acompañaba a la India. ¿Recuerdas que cuando me regalaste el elefante de sándalo mencionaste que me traería suerte?

–Sí, claro que lo recuerdo. Y tú dijiste que tendría que ser un elefante más grande porque ése no alcanzaba. Y nos reímos del chiste cuando te hizo efecto.

–Sí, fue magnífico. Tú no tenías ningún mérito como doctora.

–Claro que no.

–Cómo que no, tú hiciste lo que la medicina te enseñó.

– Vamos, Damián, tú sabes que contigo ocurrió un milagro. Ni siquiera el médico más científico y escéptico del hospital tuvo argumento a tu sanación espontánea.

–Volviendo al tema de tu sueño, quiero ir a ver a tu gurú y deseo que me acompañes.

–¿Y para cuándo deseas realizar tu viaje?

–Tú dime cuándo puedes. Sólo recuerda que en el momento en que me lo regalaste me dijiste que quizá yo podría viajar contigo.

–Sí, ya sé. Te diré un dicho que mi hija siempre dice: "quien promete tiene una gran imaginación, quien cumple tiene un gran corazón".

–Tiene razón tu hija. Ahora, de verdad, ¿para cuándo, doctora?

–No lo sé. No creo que pueda este año. Dentro de unos días estaré viajando para dar una conferencia en un congreso.

–¿Y dónde es el congreso?

–En España.

–¿Puedes seguir viaje a la India luego de la exposición?

–Es que mis niñas no estarían bien si me ausentara tanto tiempo. En el hospital tampoco me darían permiso. No quiero decirte con seguridad algo que se escapa a mis posibilidades.

–Qué dirías si esto te lo estuviera preguntando sabiendo yo que me iba a morir.

–Te diría que en cuanto te curaras iríamos.

–Y qué... ahora no cumples porque estoy bien.

–Damián, no me chantajees.

–¿Acaso tú no me dijiste que en ese lugar se respira amor? ¿Tienes miedo de que el amor te haga mal? Claro que no, ¿verdad?

–Pero ¿quién cuidará de mis niñas y qué diré en el trabajo?

–Vaya que resultaste cobarde, amiga. Piénsalo, yo seguiré siendo tu amigo pero recuerda que todo lo que prometes se tiene que cumplir.

Y Cami llamó a Xóchilt, su amiga del alma, la cual era obvio que de su parte no tendría problemas en ayudarla con las niñas. Además que siempre algún comentario tendría que hacer con respecto a la soledad de su adorada amiga.

–Sé libre, amiga, dile a la vida que sí.

Tú crees en las señales. ¿No dices que la forma en que se dio el milagro de Damián superó tus expectativas, que ya no tienes miedo de nada?

Vamos, nena, atrévete. Esta vida se la beben los aventureros.

Transita la vida con mente abierta, un cuerpo flexible a los cambios y un alma curiosa.

Vete, amiga, combina el congreso con tu viaje a la India. Total, sólo tendrás que atravesar dos continentes.

Es como ir de aquí a tu casa.

–Me haces muy feliz, siempre tan positiva, Xóchitl, y tan amiga.

Su tierna amiga había producido el clic y le había dado el empuje que estaba necesitando.

Camila se imaginó las escenas futuras al anunciarle a su madre que nuevamente viajaría. Pensó en cómo sus hijas llorarían otra vez al decirles que partiría.

Su jefa pondría el grito en el cielo. Pero grande fue su sorpresa cuando ninguna de las personas que ella había imaginado que tomarían a mal su decisión reaccionó de esa manera.

Recordó las palabras del hombre que le había leído las manos.

Todo indicaba que ella estaba eligiendo bien su camino.

"Vuela, muchachita de ojos azules. Tú que llevas el color del Cielo en tus ojos apréciate y reconoce tu alma vieja repleta de sabiduría.

Busca a tu maestro una y mil veces y sigue siempre a tu intuición y a tu corazón. Ellos nunca se equivocaron contigo."

Mientras tanto, en el Cielo no había forma de encontrar el elemento que hiciera que el alma de Agustín recordara la vida del Cielo.

Todos los maestros se encontraban muy atentos a sus tareas.

Un gran silencio y el sonido de algunas gaviotas flotaban en el aire.

–¿Qué día es hoy? —preguntó un maestro.

–Es tres de enero. ¿Por qué lo preguntas?

–Faltan sólo tres días para que vengan nuestros amados reyes —contestó otro ángel.

–Necesito que me alcances mirra, incienso y benjuí de alguna iglesia. Tráeme de esos elementos sólo sus esencias.

Todos los maestros estaban realizando sus diversas tareas. Los guardianes del sexto Cielo no tardaron en terminar de ordenar sus bibliotecas. Uno de los maestros ascendidos llevaba una luz violeta en el entorno de su espíritu.

Él acababa de levantar un libro que se había caído de una nube.

–¡Es el de Camila! —exclamó.

Lo miró con mucha ternura y con sumo cuidado lo colocó en un estante dorado de hojas secas amarrillas.

Agustín no dejó un solo instante de pensar en su futuro. Le daba vueltas para atrás y para adelante. Recorrió su vida tramo a tramo.

Él se encontraba en una cabaña que le había prestado un amigo. Mientras encendía la chimenea y prendía un cigarrillo, comenzó a recordar su infancia, su amor por los ángeles, su atracción por ellos cuando con nostalgia miraba el cielo.

Recordó cada día con su padre, los juegos y sus amigos. Se rio sólo al acordarse de sus nervios en sus primeros vuelos.

Recordó su casamiento, sus niñas y su separación.

Recordó a Yanum y a la muchacha del aeropuerto, buscó y buscó y sólo encontró de él un pedazo de papel servilleta donde habían quedado unos números de teléfono que le había dejado Yanum y una leyenda que decía: "Sigue tus sueños".

Se sirvió una última copa de vino terminando la botella y se fue dormir.

De pronto una gran luz que entraba por la ventana de su habitación lo despertó y lo sobresaltó, pero apenas se dio cuenta, la luz se apagó.

En el Cielo, los maestros observaban cómo el maestro Técnico hacía pruebas con Francesco o Agustín.

–**Definitivamente no puedo** —dijo el maestro Técnico.

Y Agustín se levantó como un resorte de la cama, se puso a leer y en el transcurso de diez minutos ya se había apagado y prendido la misma luz extraña más de cinco veces.

Esa luz que no se podía saber de dónde venía.

"Me estaré volviendo loco", pensó Agustín.

Esperó a que fuera una hora respetable para despertar a su mejor amigo.

Quería invitarlo a almorzar, pero su amigo se encontraba enfermo y aprovechó el momento para pedirle unos favores:

–**¿Puedes reemplazarme el mes que viene en mi trabajo? Tengo varios meses para reponerme de este repentino ataque. Tú podrás** —le dijo.

Y Agustín, encariñado con su amigo y compañero, dijo que iría a donde lo asignaran.

Al terminar de hablar con su amigo se levantó del asiento y se fue a caminar.

–Pancho, Pancho —gritó un niño llamando a su perro.

El grito del niño hizo que él fuera desesperado a ayudarlo y a su mascota.

Por unos momentos sintió un frío inmenso que recorrió cada centímetro de su cuerpo. Era como si un chorro de agua helada lo estuviera purificando.

–Señor, ¿se encuentra bien? Señor, señor... —el niño lo tomó del brazo y lo sacudió.

–*Claro* —dijo Agustín y siguió caminando, aunque le costó encontrar el equilibrio en su paso. Parecía que la calle se había torcido del mismo modo que se encontraba la torre de Pisa.

Y en el Cielo un maestro interrumpió al otro maestro que quería de todos modos hacer andar la memoria celular de Francesco.

–Otra vez... Ya, deja. Mira, se está mareando.

–Quédese tranquilo, maestro, nadie muere en vísperas.

–Muy gracioso, maestro, no me gusta su humor negro.

Agustín le contó a su madre el evento de la calle.

Ella lo interpretó como una señal.

–Yo creo en que la energía del Espíritu Santo es fría y cuando baja así te sientes —le dijo.

–*¡Otra vez, madre! Nunca le encontrarás una respuesta coherente a las cosas.*

–Cambiaré la respuesta si así lo deseas. ¿No habrás comido algo que te hiciera mal?

–*No, ¿por qué?*

–Entonces busca tu propia respuesta. ¿Quieres cenar conmigo?

–*Sí, claro. Yo te invito.*

–Pues acepto. Vístete bien. No siempre se cena con una reina. Ok, principito, prepárate para pagar la cuenta. Sabes que la gente mayor sólo piensa en comer y yo no salgo del común de la gente.

–*Tú eliges, madre, después no te quejes de que no puedes adelgazar.*

Agustín cortó la llamada animadísimo con sólo pensar que pasaría una noche agradable junto a su querida madre.

Mientras tanto, en el Cielo...

–Ya basta... —dijo el maestro de la Abundancia mientras el mago que existe en el Cielo y hace aparecer las cosas que muestra en la Tierra se reía a carcajadas y con su voz de espíritu comentó:

–¡Mira lo que está haciendo Agustín!

Y Agustín terminó de cenar con su madre y, mientras la llevaba a su casa, se le ocurrió una idea muy particular.

Iría al Ashram de la India, aprovecharía el viaje que tenía que hacer a Sudáfrica y pediría un reemplazo para esos días.

Mientras tanto, Camila arreglaba detalles de su viaje con Damián.

En cierto momento a Damián se le ocurrió una idea. "Te acompañaré al congreso", le dijo en un e-mail a su amada doctora.

Ella corrió a llamarlo por teléfono y empezó la conversación un poco ansiosa y después de preguntarle por su salud le dijo:

–Tengo una idea mejor, cambiaré la conferencia. Llevaré al congreso tu caso, que me muestren los médicos su teoría.

–¿No te estarás poniendo muy al descubierto? Tú tendrías que dar una teoría científica —le advirtió Damián.

–Pues no la hay, que digan lo que digan.

–Pero de qué te serviría, me reiré de sus caras.

–No está bien que hagas eso. Por otra parte, quién dijo que ellos son serios, cuando le dicen a una persona que le quedan seis meses de vida. O que su enfermedad es terminal. Quién te dijo que son científicos, cuando no hay recetas seguras para nada.

–¿Qué dirás? Se curó por un milagro —insistió Damián—. Mira, yo le pediré al Espíritu Santo que el actúe por mí.

–Tú sí que no le das vacaciones a tu Espíritu Santo.

–¡Ah, entonces cuando nos arrojen sus estetoscopios empezaremos a correr!

Llegó el día y Camila, muerta de miedo por el viaje al congreso y con muchísima curiosidad por ver a su maestro de la India decidió irse más de dos horas antes al aeropuerto, despedirse rápido de sus niñas y de su madre.

Xóchitl la pasó a buscar en su camioneta.

–Amiga, cuánto te envidio. Qué alegría tendrás al ver a nuestro maestro. Te pido un favor: dale estas cartas para que siga haciendo milagros en los seres que amo.

–Te prometo dárselas, tú cuida de mis niñas.

–Ya sabes que tus pedidos son órdenes.

–No exageres, encontraremos a Damián en el aeropuerto.

–Él llegará con sus padres, ellos están felices con la decisión que tomó con este viaje.

–Quién te hubiera dicho que esto iba a suceder. ¿Te das cuenta, amiga, que la vida tiene muchas vueltas y que Dios tiene una gran imaginación?

–Ya lo creo.

Y los dos llegaron a Madrid, al aeropuerto de Barajas, y pidieron un taxi.

El congreso era el día siguiente, así que ella aprovechó para ir al Museo del Prado, donde Damián ante cada cuadro donde aparecía Dios se detenía más que en los otros.

Y le comentaba a Camila:

—Ninguno de éstos se parece al que me vino a visitar.

Pero Camila dijo:

—Yo sé cómo es Dios, pero no te lo voy a decir.

—¿En serio?

—Sí, en serio.

—¿Cómo lo sabes?

—Recuerdo algunas vidas anteriores.

—Qué bueno —dijo Damián—. Y cómo se hace para saberlo.

—No puedo decírtelo.

Y como él notó que Camila se puso algo incómoda se dijo: "No le volveré a preguntar hasta que no haya pasado el tiempo, sé que está nerviosa por el congreso".

Pero los maestros estaban mirando la escena y el maestro Destino se fue saltando de nube en nube y pidiendo permiso a la junta Kármica. Tomó el libro de Camila, lo abrió con prisa, hasta que encontró un capítulo de almas gemelas.

—Aquí está. No hay duda, es alma gemela de Agustín, por eso él no pudo pasar por la ley del olvido —se decía el maestro, asombrado.

El maestro se alegró y vio que tenía la solución de Francesco o Agustín.

Mientras tanto, en el congreso, Camila contó la historia de Damián paso por paso, con base científica y sin tocar ningún punto espiritual. Los médicos, algunos maravillados por la historia, sentían emoción y les brillaban los ojitos.

Otros, descreídos, con aire de soberbia, se miraban de reojo y se sonreían entre sí.

Otros no hacían más que escribir y escribir.

Por un momento Camila se había sentido nerviosa, pero luego cuando invocó al Espíritu Santo, se empezó a desplegar como una mariposa.

–¿Y a qué se debe, doctora, esta recuperación instantánea, qué explicación científica tiene?

Y ella miró a Damián, y Damián levantó su dedo pulgar queriéndole decir que todo iba bien.

–Se lo explicaré, doctor —agregó Camila—. Usted sabe que la carga genética que tiene cada persona al nacer es muy fuerte y que en cada célula se guarda la memoria de cada enfermedad genética. Los humanos tenemos entre tantas células, unas llamadas oncogen, las células que al descomponer su funciones se convierten en células cancerosas, lo que lleva a tumores y metástasis. Pues bien, hay muchas otras células de diferente índole en el cuerpo, lo que desarrolla diferentes tipos de cánceres.

Damián tuvo al mismo tiempo dos diferentes: una leucemia y otro más, solamente que estas células se disparan y entran a inducir su desarmonía por diferentes facetas. Claro que influye también estos otros factores, el genético y el ambiental, el alimenticio, el alcohol, cigarrillo y malos hábitos, y el cual ahora los médicos y demás terapias dicen que es una deficiencia que traen los grandes disgustos.

Hasta aquí estamos de acuerdo, ¿no, doctor?

–Por supuesto, doctora.

–Ok, entonces Damián venía de la ruptura con su novia, sumado a lo cual se había quedado sin su trabajo, y con sólo veinte años siendo el respaldo de su madre y de sus tres hermanos.

A los quince días de haber transcurrido estos episodios

él se empezó a sentir muy mal. Unos meses antes, sus análisis, los obligatorios para entrar a su trabajo, estaban perfectos.

Llámelo casualidad si quiere.

Aquí viene la parte científica, la que les gusta a ustedes.

Una sola célula se puede descomponer y así disparar el tan conocido oncogen en un instante.

Y por hacerse mala sangre, un enojo, un rencor, el estrés.

Damián es muy creyente, es devoto de Buda, es un buen amigo pero le faltaba algo en la vida, que era perdonar a su madre.

Él no dejó de tener fe ni un solo día, hasta el último momento, en el que entró en coma profundo.

Por supuesto que no voy a entrar a contar lo que él dijo, como que su alma se elevó hacia otros planos, porque eso no es de este congreso.

Volviendo al tema, aquí les muestro cómo este aparato, parecido a un tomógrafo, capta las células, las cuales mostraban cómo su ADN las estaban alterando.

Ahora les voy a mostrar las placas de su ADN y de sus células. Ustedes podrán notar cómo estas células iban cambiando mientras él rezaba. Y, ¡miren esta otra!, cómo aquí cada célula se encuentra totalmente sanada. Observen, ésta es la célula de la esperanza.

Esta célula existe en la mente, en el lado frontal de la cabeza, justo al lado de las ilusiones.

Ustedes se preguntarán: por qué en este congreso yo traje tanto material científico. Porque si les dijera que fue Dios quien lo salvo, ¿qué pasaría? —Y ella se rio, un tanto molesta por tanta incredulidad—. Aquí tienen un diagrama que muestra cómo una persona, cuando piensa y siente con esperanza ella se activa con la fe, la emoción de la esperanza, toca el ADN del oncogen y la transforma en una célula nueva y saludable, la cual va por el torrente sanguíneo, y toca con mucha rapidez sanando el resto de los órganos. Este trabajo del cuerpo es sólo cuestión de segundos.

–Doctora, disculpe mi ignorancia, y ¿la medicina qué papel juega? ¿Usted es de la idea de no hacer tratamiento?

–Doctor, por favor, no olvide que yo también soy médica. No podemos tomar el paciente sólo como un cuerpo lleno de huesos, o un órgano enfermo, o una enfermedad. El paciente es un ser completo.

Todavía no se ha descubierto medicina alguna que quite el miedo, y algunos médicos matan a sus pacientes sólo con asustarlos.

Por último, quiero despedirme agradeciéndoles que me hayan invitado a este congreso, pero me voy a despedir aquí mismo de mi carrera. Es muy probable que por algún tiempo no tenga claro a qué me dedicaré, pero es un gusto haber terminado esta querida carrera con ustedes como compañía de un broche final.

Y entonces Camila logró muchos aplausos, antes de bajar del escenario.

Damián la abrazó. Lloraron de emoción y le dijo:

–Es dolorosa la vida, porque nunca te aplaudirán lo suficiente. Nosotros tenemos los aplausos desde el Cielo, ¿no te parece?

XXII
Final

Vivir feliz depende de tu actitud, tener fe depende de ti.

Depende de ti cuánta esperanza quieras tener.

Cuán lejos quieras ir de tu madriguera y cuánta huella quieras dejar en este camino.

Depende de nosotros mostrarte cuánto puedes tener hacer y ser en la Tierra como en el Cielo.

Consejos dados exclusivamente para ti
de parte de tus maestros

Los dos salieron a festejar, pronto tendrían que estar en el aeropuerto partiendo hacia la India.

Varias escalas les esperaban.

Subieron a su primer avión, durmieron, descansaron, y hablaron poco.

Hicieron la primera escala en ciudad del Cabo y al bajar miraron las tiendas.

De pronto Damián le tapó los ojos, y ella al sacarle las manos, se maravilló al ver la figura de un elefante de madera de sándalo que él le acababa de comprar.

–Toma, Cami, para que te traiga suerte.

De pronto salieron corriendo al escuchar por los parlantes del aeropuerto que su vuelo había cambiado su puerta de salida.

Y Camila empezó a decir como un mantra: "los tiempos de

Dios son perfectos, los tiempos de Dios son perfectos". Los tiempos de Dios son perfectos, y corrieron y corrieron entregaron sus boletos y subieron al avión. Y Camila miró a Damián riéndose.

–Ves, nunca me falla. Di esto cada vez que llegues tarde, y los tiempos se te acomodarán.

Después de unas horas de vuelo y un bonito aterrizaje, comenzaron a bajar del avión.

Damián le llevaba sus maletas, pero no se había dado cuenta de que Camila había olvidado la computadora portátil en el compartimiento de arriba de su asiento.

Entonces Camila decidió volver, bajó del autobús de la pista del aeropuerto, y cuando estaba caminando, acercándose al avión, Agustín vio una luz inmensa a través del vidrio de la cabina, mientras se acercaba esa mujer.

Cuando miraba por la cabina, él comenzó a sentir una gran emoción que lo llenaba de amor.

"¿Qué es esa luz rosada? ¡Es ella!", se dijo, *"es la mujer del aeropuerto"*, y salió corriendo hacia el interior de avión para encontrarla.

Ella estaba entrando al avión, los dos se quedaron mirándose fuertemente impactados. Uno enfrente del otro quedaron inmóviles, como si les estuvieran tirando un chorro de agua desde el aire.

Desde el Cielo los maestros estaban preocupados por cómo hacer para devolverle la memoria a Agustín, pero al ver lo que ocurría se quedaron atentos a su reacción.

–¿Es su alma gemela? —preguntó un maestro.

–No, creo que no —dijo un espíritu curioso.

–¡Sí, lo es! —contestó otro.

Y el espíritu curioso preguntó si Agustín podía reconocer a su alma gemela con la memoria borrada.

–No la reconoce con facilidad pero él sabe que ella es especial. Ellos se reconocen por las miradas, por las sensaciones que producen el uno en el otro.

El amor de las almas gemelas siempre se encuentra.

Mientras tanto, en la cabina del avión, Agustín mirando a Camila le dijo:

–*¿Me recuerdas?*

Y Camila le contestó:

–Claro que sí, cómo podría olvidarme de ti.

Él creyó que el corazón se le salía por la boca. Ella sintió que le temblaban las piernas. Hizo un esfuerzo enorme para no desmayarse.

Él, muy tímidamente, le dijo:

–*Déjame saludarte con un abrazo.*

Y se dieron el abrazo más lindo de sus vidas.

Los maestros miraban desde el Cielo cómo el color rosado de sus almas formaban un círculo hermoso.

Como todas las almas gemelas en sus primeros encuentros no son coherentes en sus conversaciones, Camila le comentó que se estaba yendo a un retiro, un lugar sagrado donde la esperaba su maestro.

Agustín, entusiasmado, comentó:

–*Qué casualidad. Yo también voy al mismo lugar que tú.*

Y terminaron de hacer trámites de rutina y se fueron rumbo al Ashram los tres juntos. Compraron ropa blanca, cambiaron dólares por rupias y entraron por las puertas de la fantástica ciudad. Un enorme elefante gris estaba en la puerta del lugar sagrado donde se encontraba el maestro, y grande fue la sorpresa cuando los dos vieron al mismo hombre. Entonces, gritaron al mismo tiempo:

–¡Yanum!

Y Yanum a la vista de los dos desapareció.

Mientras tanto, en el Cielo.

–Ah..., ya volviste —le dijeron los maestros a Yanum—. Muy buen trabajo.

Y Yanum le dijo a los maestros:

–Hay cosas que las personas deben saber: que el amor existe, que el perdón es posible y que en la vida no hay recetas para ser feliz, pero que se puede llegar a serlo siempre y cuando la esperanza y la fe sean las guías.

Y los maestros decidieron no volver a molestar al alma de Agustín. Ya no hacía falta.

Aunque no recordara sus vidas anteriores, él ya tenía una guía de caminos para seguir.

El maestro Destino lo observó y dijo:

–Sabía que esto estaba marcado.

El maestro del Tiempo, al ver el encuentro, agregó:

–Los tiempos de Dios son perfectos.

El maestro de la Perfección dijo:

–Aleluya, un encuentro perfecto.

El maestro Técnico se fue a dedicar a otras tareas renunciando a arreglar las fallas del Cielo.

El ángel de Agustín le regaló jazmines, los cuales aparecieron en el último asiento del Ashram.

El ángel de Camila le regaló una pluma de su ala, la cual cayó sobre su pelo.

Y el ángel de Damián, orgulloso, le regaló estrellitas doradas a los dos.

Y Dios con un chasquido de su energía dijo:

–Bendigo el amor, bendigo las almas, bendigo a las personas.

En la Tierra, grande fue la sorpresa cuando Damián descubrió que Agustín y Camila tenían el mismo dije colgado al cuello.

–¡Ah! No puede ser, a mí me lo regaló Yanum —dijo Camila.

–*A mí también* —dijo Agustín.

–Es increíble —agregó Damián con lágrimas en los ojos.

De pronto los tres se sentaron en fila para ser sorteados para ver de cerca de su maestro gurú.

Y ese día estaban con tanta suerte que les tocó sentarse en la primera fila.

Pasó el maestro caminando sutilmente, como flotando en el aire.

Ellos, con una historia de vida a cuestas, no hacían más que agradecer ese momento.

De pronto el maestro, clavándole la mirada a cada uno de ellos, les sonrió y les entregó un papel. Camila se acordó que era el mismo papel que le había dado el señor de la plaza, el mismo que le dio ese extraño ser que visitaba a Damián cuando estaba enfermo.

Un papel que decía con una letra muy particular:

No es fácil vivir pero ya están aquí.

¡Sepan que nada es imposible! Todo puede ser posible.

Busquen, busquen, sean buscadores, vayan por más.

Porque después de todo, no les queda más que continuar...

Recuerden que lo último que pueden perder es la esperanza, y quien tiene esperanza está vivo.

Porque la única y verdadera vida está en el alma.

Con todo el amor del mundo,

Tu Dios

Testimonios

Siempre me he preguntado, tras leer varias experiencias en el *Argentina Seikyo*, ¿cómo puede ser que se cure una enfermedad a través de la práctica? Es algo que nunca pude comprender... Ahora que me toca vivir esta situación estoy en condiciones de responderme esa pregunta y lo quiero compartir con todos ustedes.

El 12 de julio comencé a trabajar en el Hipódromo de Palermo. Antes de ingresar a trabajar hice el examen preocupacional correspondiente, en donde todo parecía estar bien. El 16 de agosto fue cuando me interné por primera vez. Recuerdo que ese día mi cuerpo, débil y flaco, ya no respondía más. Fuimos a la guardia de la Clínica de los Virreyes, en donde me dijeron que debía quedarme internado. Un estudio determinó que tenía leucemia.

Los médicos informaron que necesitaba donadores de sangre. ¡Más de cien donadores aparecieron amorosamente! Todos ellos, a quienes estoy muy agradecido, hicieron una buena causa en sus vidas y en la mía. Hasta ahora utilicé muy poco de esa sangre que me donaron.

Toda la fuerza que me enviaba cada persona que me quería me hacía estar tan bien. El hecho de que uno esté enfermo no implica que deba estar mal. Así es como lo vivo yo, lo vivo con alegría aunque parezca loco; mi maestro Daisaku Ideda me enseñó esto y lo estoy poniendo en práctica.

En el hospital transformé varias cosas, entre ellas cantar

mis canciones sagradas frente a mi mamá. ¡Incluso la invitaba a que cantara *daimoku* conmigo! En la primera internación mi mamá no vivía conmigo ¡y ahora sí! Esta enfermedad ha hecho que cambiara nuestra relación. También cambié yo. Ella, desde que me enfermé, está siempre a mi lado. Es un poco insoportable, pero me hace bien su compañía.

Con respecto a la salud todo estaba en orden. Sólo apareció en mi brazo una tromboflebitis, que es una infección en una vena. Me hacía tener fiebre, lo cual no era bueno para mi enfermedad. Tuvieron que operarme y que estar veinticinco días días más internado. Sabía que eso era un obstáculo que tenía que superar.

Pensaba en que me tenía que curar por toda la gente que me quiere. De todas formas la determinación de curarme ya la había tomado desde aquel día en que me enteré de que tenía leucemia. Mi fe crecía día con día... Ya no invocaba por mi enfermedad, sino, por ejemplo, cuando me enteré de que un amigo andaba mal mi *daimoku* era para él. Invocaba porque mis hermanos tenían problemas que realmente los hacía estar mal. Invocaba en forma de agradecimiento a todos, etcétera. Mi enfermedad la dejé de lado, estaba en buenas manos. Estaba en las manos de mi Dios. Y sabía que él me curaría.

Todo salió muy bien, soporté excelente la primera dosis de quimioterapia; por fin, tras haber estado un mes y veinte días internado, estoy de vuelta en mi casa.

Tres o cuatro días después llegó un telegrama a mi casa en donde me informaban que estaba despedido. Otro obstáculo que debía enfrentar. Si bien éste no era sobre mi salud, el hecho de que me despidieran podía provocarme que estuviera mal y eso no era bueno para mi estado de ánimo. Al enterarme de la situación estaba desconcertado; me preguntaba: ¿cómo pueden hacerme esto? Mi tratamiento duraría seis meses. Y no tendríamos dinero para pagar el tratamiento.

La verdad es que son muy costosas las drogas de quimioterapia, ni vendiendo mi casa podría cubrir los gastos que éstas ocasionaban.

Ahora, y tras haber superado los obstáculos que han aparecido, siento cómo mi rezo y mi fe son como el rugido de un león. No tomo como algo malo atravesar todo esto porque me sirve para responder a mi pregunta... así como también para que en un futuro pueda ayudar y alentar a otras persona que pasen por circunstancias similares.

La respuesta de cómo es posible que uno a través de la práctica de la oración pueda superar una enfermedad es simplemente... hay que vivirlo, hay que sentirlo, es algo difícil de explicar con palabras: uno puede decir muchas cosas, pero la veracidad de la fe lo comprueba con su propia vida. Es algo como el pelo, o las uñas... uno no ve cómo crecen y, sin embargo, de repente crecieron. El tiempo pasa y en un abrir y cerrar de ojos todo esto que me pasa será un recuerdo y una experiencia para contar.

FRASES QUE HAY QUE TENER EN CUENTA

Pase lo que pase, invoquen su oración.

La idea es disfrutar de todo. Es un placer que me pinchen, aunque me duela, pero ese pinchazo, esa sangre que me sacan será para estudiarla y curarme, es algo bueno. Si me van a curar que me pinchen todas las veces que sea necesario.

Cada vez que tenía que estar internado mi madre soportaba internarse conmigo, lo cual es algo que valoro muchísimo.

Siempre me acompañó en todo momento y eso es un beneficio maravilloso. Por eso es que les pido por favor que hagan lo posible por hacer felices a sus padres.

13-12-04

Llego al hospital con el fin de continuar mi tratamiento de quimioterapia, lo cual no puede concretarse debido a una infección en el medio que tenían para pasarme la medicación (catéter) correspondiente al ciclo de quimioterapia que me tocaba pasar. Esa infección fue solucionada con antibióticos y luego sí, se cumplió lo estimado. No hubo otro gran inconveniente. He pasado las fiestas en el hospital.

El 01-01-05 regreso a mi casa con un ciclo más cumplido... El 06-01-05 festejo mi cumpleaños junto a mi familia.

Dos días después, tras haberme quedado a dormir en la casa de un amigo, me empiezo a sentir mal, por lo cual al mediodía del día siguiente mi madre decide llevarme al hospital, en donde paso toda la tarde hasta que...

...Abro los ojos y me encuentro con dificultad para respirar y escucho la voz de un doctor decir: "¡Aguanta, Diego, aguanta!".

Mi mamá había estado muy asustada y antes de todo lo que cuento a continuación había llamado a mi padre y a mis hermanos diciendo que me estaba muriendo.

Había estado más de diez días en coma, con respirador artificial; completamente inconsciente.

Mi cuerpo estaba podrido, y los médicos habían dictaminado mi final, anunciando a mis seres queridos que tan sólo me quedaban unas pocas horas de vida.

Mi cuerpo estaba podrido, emanaba olor, estaba de otro tamaño y color. Yo no estaba adentro de mi cuerpo. Al volver en mí, me di cuenta de que algo raro había sucedido ya que mis últimos recuerdos quedaron en el hospital de Clínicas, en donde antes de todo lo ocurrido me dolía mucho la panza... Por esa razón es que hoy en día tengo una gran cicatriz en el estómago. Y tengo marcas, estrías y cicatrices en varias partes de mi cuerpo que antes no tenía.

Me desperté e inmediatamente me pregunté: "¿Qué hago aquí?". Más tarde y de a poco me fui enterando de todo. Una doctora me informó de que la enfermedad que padecía ya no estaba más en mí. ¡Estaba en remisión completa! Tampoco tenía enfermos los órganos.

En el primer contacto que tuve con mi hermano luego de despertarme del coma le dije que yo volví para demostrar la veracidad de Dios. Hoy en día anhelo que cada persona pueda darse cuenta de que con lo que tiene puede ser feliz. De corazón a corazón.

Lo que ha pasado mi familia y amigos durante el periodo en el cual yo estaba mal fue terrible. Todos estuvieron presentes en todo momento y al despertarme le di una gran alegría a mucha gente y desconcerté a todos los médicos porque éstos decían que no quedaba nada por hacer.

Lo feo para mí fue la recuperación de todo esto. Tener que usar pañales o no poder moverme con facilidad es algo muy feo que tuve que padecer, pero ahora estoy muy bien. Disfruto de la vida con el propósito de ayudar a todas las personas que encuentre mal.

Actualmente me encuentro con la posibilidad de escribir un libro, justamente con el fin de ayudar a personas que pasan situaciones similares a las mías. Esto es gracias a la madre de un amigo, quien ha escrito unos cuantos libros, los cuales son todo un éxito en otros países.

Me he comprado una trompeta.

Deseo avanzar con la fuerte convicción de que puedo conmover el corazón de la gente transmitiéndoles esperanza, valor y también alegría.

Actualmente me siento muy bien de salud. No tengo malestares y al verme al espejo realmente disfruto mucho de mi imagen; todo lo que pasé produjo la caída del cabello. Después creció y los músculos también.

TESTIMONIO DE DIEGO TEBELE

21 años, Buenos Aires, Argentina.

—Mami, quita esta historia, es deprimente, no puedes hacerle eso a Damián, con esta enfermedad cruel y a esta edad, ¡no puede morir! —dijo Robert.

—Pero es un libro —dijo su mamá Yohana.

—Cámbialo ma, ¡por favor! —dijo Robert mientras le ayudaba a pasar en la computadora el capítulo.

—Ok, haré que reviva, regresará sano y todo será parte de un milagro.

Dos meses después se enfermó Diego, el mejor amigo de Robert.

—Dime, ¿mi hijo va a vivir? —preguntó el padre de Diego a Yohana queriendo encontrar una cuota de esperanza en la escritora.

—Tu hijo no está aquí, yo siento que está en el Cielo. Está en un buen lugar. Salvo que... Salvo que pase como en mi libro —dijo Yohana.

—¿Y qué pasó en tu libro? —preguntó el padre, mucho más animado.

–Hay una historia igual, el personaje se llama Damián. El personaje está apunto de morirse y revive milagrosamente.

Pero si ocurre en los libros puede ocurrir en la realidad.

Y el padre siguió repitiendo como un mantra: "¡Si ocurre en los libros puede ocurrir en la realidad!".

Y la autora no dijo nada, sólo se quedó pensando que las historias de los libros son historias nada más.

Y pasaron quince días y ocurrió el milagro: Diego, como Damián, revivió.

...Y entonces por qué no creer en los milagros, si los milagros siempre están.

Glosario espiritual

Campo áurico: energía que rodea el cuerpo físico, ésta no se ve a simple vista, es de colores y estos colores cambian por los estados de ánimo. Este campo protege la energía del cuerpo para que éste no se enferme ni reciba negatividades.

Causalidad: esta palabra significa que lo que sucedió tiene una causa, un para qué. Estas causalidades, o diosidencias, o sincronías, se realizan en un plano del Cielo llamado Plano Causal. Estas coincidencias forman la parte mágica de la vida de las personas.

Junta Kármica: grupo de maestros ascendidos que cuidan las bibliotecas sagradas donde se encuentran los libros que a cada persona le regalan al nacer.

Sexto Cielo: este plano se llama campo Mónadico, y es donde están las bibliotecas de los libros Akáshicos.

Akasha: energía Divina. Dicen los que saben del Cielo que Dios tiene una gran imaginación y así como hizo la Tierra creó el mundo entero.

Y dice la historia que creó todo lo que se imaginó, entonces a cada uno de los que habitan la Tierra se les asigna una misión.

En la Tierra esas jerarquías las conocemos en el plano social, en el educacional, en la misma familia.

En el Cielo existen infinidades de jerarquías y de misiones.

Planos celestiales: existen siete planos o cielos. En el séptimo existe Dios.

En el sexto existen las bibliotecas sagradas, donde están los libros de nuestra vida. A esas bibliotecas las cuidan veinticuatro ancianos en conjunto con algunos maestros ascendidos. Eso se llama la Junta Kármica.

Mouling, ciudad de cristal: los diferentes cielos se llaman planos celestiales.

A los maestros les gusta estar en Mouling: ciudad del Amor, ciudad de cristal en la que habitan todas las personas que han desaparecido de forma extraña. Como las personas que habitaban la Atlántida perdida y los que desaparecieron en el Triángulo de las Bermudas.

Methatron: maestro y arcángel poderosísimo y sumamente protector que cuida el mundo etérico.

Mantra: canto sagrado que sigue un ritmo y una frase determinada.

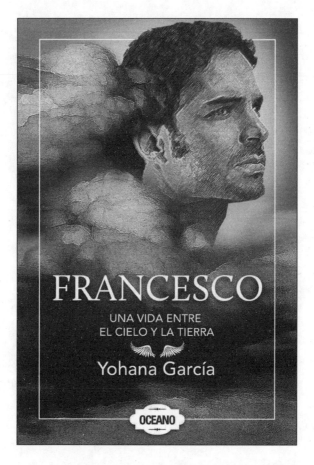

FRANCESCO

UNA VIDA ENTRE
EL CIELO Y LA TIERRA

Yohana García

OCEANO

¿Quieres saber cómo empezó todo?
No te pierdas *Francesco. Una vida entre el cielo y la tierra*

Yohana García es portadora de un hermoso mensaje de vida,
amor y esperanza. Ella nos muestra que la muerte no es el fin
de todo, que es sólo un paso hacia la transformación.

Esta obra se imprimió y encuadernó
en el mes de octubre de 2022,
en los talleres de Impregráfica Digital, S.A. de C.V.,
Av. Coyoacán 100–D, Col. Del Valle Norte,
C.P. 03103, Benito Juárez, Ciudad de México.